AF619463

TRAITÉ

DES

ACTIONS.

TRAITÉ
DES
ACTIONS,

SUIVANT les Principes du Droit François & du Droit Coutumier de la Province de Normandie,

POUR LE FOR DE LA CONSCIENCE.

Par l'Auteur du Traité de l'État des Personnes.

A CAEN,

Chez P. CHALOPIN, Imprimeur-Libraire Rue Froide-Rue.

M. DCC. LXXVII.

Avec Approbation & Privilége du Roi.

TRAITÉ DES ACTIONS.

IL ne s'agit point ici des Actions Judiciaires ; c'est-à-dire, des formes, de l'ordre & de la marche qu'il faut suivre dans la procédure. C'est une science que nous faisons profession d'ignorer. Nous avons seulement pour objet l'Action Juridique, 1°. considérée en général ; 2°. envisagée dans ses différentes especes ; ce qui divise naturellement ce petit ouvrage en deux parties. La premiere traitera de l'Action Juridique en général ; la seconde entrera dans les différentes eſpeces de l'Action Juridique ; le tout ſuccinctement & relativement à notre Coutume.

TABLE

DES Chapitres, Articles, &c. contenus dans le Traité des Actions.

PREMIERE PARTIE.

SECONDE PARTIE.

Fin de la Table des Chapitres.

APPROBATION.

J'AI lu par l'ordre de Monſeigneur le Garde des Sceaux, un Manuſcrit, ayant pour titre : *Traité des différentes eſpeces de Biens & des Actions, ſuivant les principes du Droit François & du Droit Coutumier de la Province de Normandie, pour le for de la conſcience*, par l'Auteur du Traité de *l'État des Perſonnes* ; & je n'y ai rien trouvé qui pût en empêcher l'impreſſion. A Paris, ce 27 Janvier 1777.

Signé, LALAURE.

PRIVILÉGE DU ROI.

LOUIS, PAR LA GRACE DE DIEU, ROI DE FRANCE ET DE NAVARRE : A nos amés & féaux Conseillers, les Gens tenants nos Cours de Parlement; Maîtres des Requêtes ordinaires de notre Hôtel, Grand Conseil, Prévôt de Paris, Baillifs, Sénéchaux, leurs Lieutenants Civils, & autres nos Justiciers qu'il appartiendra : SALUT. Notre amé le Sieur CHALOPIN Imprimeur à Caen, Nous a fait exposer qu'il desireroit faire imprimer & donner au Public : un Ouvrage qui a pour titre, *Traité des différentes especes de Biens & des Actions, suivant les principes du Droit François & du Droit Coutumier de la Province de Normandie, pour le for de la conscience*, s'il Nous plaisoit lui accorder nos Lettres de Privilége pour ce nécessaires. A CES CAUSES, voulant favorablement traiter l'Exposant, Nous lui avons permis & permettons par ces Présentes, de faire imprimer ledit Ouvrage autant de fois que bon lui semblera, & de le vendre, faire vendre & débiter par tout le Royaume, pendant le temps de six années consécutives, à compter du jour de la date des Présentes. FAISONS défenses à tous Imprimeurs, Libraires & autres personnes de quelque qualité & condition qu'elles soient, d'en introduire d'impression étrangere dans aucun lieu de notre obéissance : comme aussi d'imprimer, ou faire imprimer, vendre, faire vendre, débiter, ni contrefaire ledit ouvrage, ni d'en faire aucuns extraits sous quelque prétexte que ce puisse être, sans la permission expresse & par écrit dudit Exposant, ou de ceux qui auront droit de lui, à peine de confiscation des Exemplaires contrefaits, de trois mille livres d'amende, contre chacun des contrevenants, dont un tiers à Nous, un tiers à l'Hôtel-Dieu de Paris, & l'autre tiers audit Exposant, ou à celui qui aura droit de lui, & de tous dépens, dommages & intérêts; A LA CHARGE que ces Présentes seront enregistrées tout au long sur le Registre de la Communauté des Imprimeurs & Libraires de Paris, dans trois mois de la date d'icelles; que l'impression dudit ouvrage sera faite dans notre Royaume & non ailleurs, en beau papier & beaux caracteres, conformément aux Réglements de la Librairie, & notamment à celui du dix Avril mil sept cent vingt-cinq, à peine de déchéance du présent Privilége; qu'avant de l'exposer en vente, le manuscrit qui aura servi de copie à l'impression dudit ouvrage, sera remis dans le même état où l'approbation y aura été donnée, ès mains de notre très-cher & féal Chevalier, Garde des Sceaux de France le Sieur HUE DE MIROMESNIL, qu'il en sera ensuite remis deux exemplaires dans notre Bibliotheque publique, un dans celle de notre Château du Louvre, un dans celle de notre très-cher & féal Chevalier, Chancelier de France, le Sieur DE MAUPEOU, & un dans celle dudit Sieur HUE DE MIROMESNIL; le tout à peine de nullité des Présentes: du contenu desquelles vous mandons & enjoignons de faire jouir ledit Exposant & ses ayants-cause, pleinement & paisiblement, sans souffrir qu'il leur ſoit fait aucun trouble ou empêchement. Voulons que la copie des Préſentes, qui ſera imprimée tout au long, au commencement ou à la fin dudit Ouvrage, ſoit tenue pour duement ſignifiée, & qu'aux copies collationnées par l'un de nos amés & féaux Conſeillers, Secrétaires, foi ſoit ajoutée comme à l'Original. Commandons au premier notre Huiſſier ou Sergent ſur ce requis, de faire pour l'exécution d'icelles, tous actes requis & néceſſaires, ſans demander autre permiſſion, & nonobſtant clameur de haro, Charte Normande, & Lettres à ce contraires : CAR tel eſt notre plaiſir. DONNÉ à Paris, le douxiéme jour du mois de Mars, l'an de grace mil ſept cent ſoixante-dix-ſept, & de notre regne le troiſieme. Par le Roi, en ſon Conſeil. *Signé*, Le BEGUE.

Regiſtré ſur le Regiſtre XX. de la Chambre Royale & Syndicale des Libraires & Imprimeurs de Paris, nº. 844, fol. 311, conformément au Réglement de 1723. A Paris, ce 15 Mars 1777.

Signé, *LAMBERT. Adjoint.*

Fautes à corriger.

Page 46, dernier mot de la derniere ligne, il y a tout, *lisez* toute.

Page 57, on trouve Chapitre II. *lisez* Article II. comme on a mis dans la Table des Chapitres.

Page 61, ligne 6, on lit: Basnage, *Cap.* 9, *lisez*, Basnage, *au Chap.* 9.

Page 91, lig. 19, être, *lisez* établir.

PREMIERE PARTIE

DE

L'ACTION JURIDIQUE

EN GÉNÉRAL.

I. L'ACTION Juridique eſt le droit que chacun a de pourſuivre en jugement, ce qui lui eſt dû. *Actio.... nihil aliud eſt, quàm jus perſequendi in Judicio quod ſibi debetur. Inſtit. De Actionibus.* Ainſi l'Action ſuppoſe un droit; de même que le droit ſuppoſe un titre.

1°. Le droit, dont nous parlons ici, eſt une puiſſance légitime, ou accordée par la loi. On peut avoir droit ſur une choſe en deux manieres, que l'on exprime par ces deux mots latins : *jus in re*, & *jus ad rem.* Lorſqu'on a la propriété actuelle d'une choſe, cela s'appelle avoir *jus in re.* Lorſqu'on n'a point encore la propriété actuelle d'une chose, mais qu'on est seulement en droit de se l'approprier, cela s'appelle avoir *jus ad rem.*

2°. Le titre est la cause, en vertu de laquelle nous possédons, ou prétendons posséder quelque chose. *Titulus est radix & fundamentum juris prætensi.* (a)

II. Il y a deux sortes de titres, savoir le titre *translatif de propriété*, & le titre *non translatif de propriété.* Le premier transfere le domaine ou la propriété d'une chose; ce que l'on voit dans la donation, la vente & l'échange. Le second ne transfere point à autrui, le domaine, mais seulement l'usage ou la garde d'une chose; c'est ce qui a lieu dans le commodat, le louage & le dépôt.

QUESTION I.

Que faut-il pour établir le droit que l'on nomme *jus in re* ?

(a) Polmam, Brev. Theolog. Part. 2a. 2æ, num. 365.

RÉPONSE.

Il faut 1°. un titre tranſlatif de propriété, comme de donation, de ſucceſſion, de vente, d'échange. 2°. Il faut ordinairement que ce titre ſoit accompagné de la tradition, ou tranſlation de la choſe entre les mains de celui qui prétend en être le propriétaire. Car, ſuivant une loi du Code, *traditionibus... Dominia rerum, non nudis pactis tranſferuntur.* Leg. 20. C. *de Pactis.* Cette loi eſt obſervée en France.

Cependant il y a des cas, où la tradition ne ſuffit point pour transférer pleinement la propriété d'une choſe; & il y a d'autres cas où la tradition n'eſt pas néceſſaire.

1°. La tradition qui ſe fait pour cauſe de vente, n'eſt pas ſuffiſante; c'eſt-à-dire, qu'il ne ſuffit pas que la choſe ſoit livrée par le propriétaire, pour que la propriété en ſoit pleinement transférée en la perſonne de l'acheteur; il faut encore que le prix en ſoit payé au vendeur. C'eſt pour cette raiſon que celui qui a vendu & livré la choſe, peut la revendiquer, ſi le prix ne lui en a point été payé ; à moins que la chose livrée n'eût été vendue sans terme. Dict. de Droit, V. *tradition*.

2°. Il y a des cas, où la tradition n'est point nécessaire pour transférer la propriété d'une chose, ou pour donner ce que nous appellons *jus in re*. Par exemple, l'héritier *ab intestat* acquiert le domaine de l'hérédité dès l'instant même de la mort de son auteur, sans qu'il y ait de tradition, *non aditâ hæreditate*. C'est la Jurisprudence qui s'observe dans tous les lieux où l'on suit la maxime, *le mort saisit le vif*, comme en Normandie, *art. 235 de la Coutume*.

De même dans les bénéfices, le *jus in re* s'acquiert par la seule collation jointe à l'acceptation. C'est ce que les Canonistes concluent du chap. *si tibi absenti*, 17 de *præb. & dignitatibus* in 6°. Voici ce qu'en dit Van Espen, *Part. 2. tit. 21. cap. 2. num. 7.*

» Cùm per collationem acquiratur » *jus in re*, sive ipse titulus Beneficii, » concludunt doctores jus illud, etiam » ante adeptam possessionem, permu» tari tanquam Beneficium cum alio

» Beneficio posse ; secùs vero *jus ad* » *rem*, ex solâ electione aut præsenta- » tione, ante collationem sive institu- » tionem competens.

C'est ce que remarque aussi M. de la Combe, V. *Permutation*, sect. 2. nomb. 1. Ce qu'on appelle *jus in re*, s'acquiert, *dit-il*, par la collation, lorsqu'il y a des provisions accordées. Pour lors le pourvu peut dire qu'il a un titre ; & par conséquent il peut permuter le droit qu'il a dans le Bénéfice, quoique litigieux, avec un autre Bénéfice; pourvu que le litige soit exprimé : au lieu que, s'il n'avoit qu'un droit éloigné au Bénéfice (*jus ad rem*) comme un présenté par un Patron,... un Gradué qui n'a fait que requérir, &c. il ne pourroit ni permuter le Bénéfice, ni le résigner.

QUESTION II.

Que faut-il pour constituer le droit qu'on appelle *jus ad rem*.

RÉPONSE.

Il est nécessaire & il suffit que l'on

ait un titre légitime ſans tradition, ou autre cauſe équivalente à une tradition réelle. Celui qui a *jus in re*, peut revendiquer la choſe qui lui appartient, par-tout où elle ſe trouve. Mais celui qui n'a que *jus ad rem*, n'a un recours direct que ſur la perſonne de ſon débiteur : Ainſi, dit M. de Ferriere, *V. tradition.*; lorſque le propriétaire d'un fonds m'en fait une donation, & me met en poſſeſſion d'icelui, j'en deviens le propriétaire par cette tradition, ſans laquelle je n'aurois que *jus ad rem*; c'eſt-à-dire, le droit de pourſuivre le donateur pour me livrer le fonds qu'il m'auroit donné.

QUESTION III.

Comment ſe diviſe l'Action juridique?

RÉPONSE.

Elle ſe diviſe en réelle, perſonnelle & mixte.

1°. L'Action réelle eſt celle par laquelle le propriétaire d'un bien le revendique par-tout où il le trouve. Cette action se nomme aussi revendication, *rei vindicatio.*

2°. L'Action personnelle est celle par laquelle nous agissons contre celui qui est obligé de nous donner ou de faire quelque chose pour notre utilité.

3°. L'Action mixte est celle qui renferme les deux autres; ou qui est en partie réelle, & en partie personnelle.

Comme il n'est permis à personne de se mettre en possession par violence & voye de fait; il faut venir par action, ou sur la chose que nous prétendons nous appartenir, ou contre la personne de notre débiteur. Dict. de Droit, *V. Action.*

Examinons maintenant quelques cas propres à éclaircir les questions précédentes.

CAS I. Alexandre a vendu ou donné le même fonds à Claude, & ensuite à Philippe. Auquel des deux ce fonds doit-il appartenir ?

RÉPONSE. 1°. Si aucun des acheteurs ou donataires n'a pris possession du fonds, il doit appartenir à celui qui l'a acheté le premier, ou qui en a reçu le premier la donation.

La raison est que toutes choses étant égales, la priorité du temps établit le droit. *Qui prior est tempore, potior est jure.* Reg. 54. *De reg. juris* in 6°.

Nous avons dit, *toutes choses étant égales*; car si, dans le cas de l'achat, le dernier acheteur avoit payé, sans que le premier l'eût fait; alors le dernier acheteur devroit avoir la préférence, *quia traditio posteriori facta meritò præsumeretur.*

2°. Si le fonds a été simplement vendu ou donné à Claude, & qu'ensuite il ait été vendu ou donné, & en même temps livré à Philippe; le fonds appartient à Philippe, parce qu'il a *jus in re*, & non point à Claude qui n'avoit que *jus ad rem*, & dont le droit a été détruit par un droit plus fort. C'est ce que décide la loi Quoties 15. C. *de rei vindicatione*, dont voici les termes: *Quoties duobus in solidum prædium jure distrahitur, manifesti juris est eum, cui priori traditum est, in detinendo dominio esse potiorem.*

Cela ne doit pas seulement s'entendre d'un fonds, mais de tout autre bien, meuble ou immeuble. Car, outre qu'il y a parité de raiſon, la loi 9. *ff. de publicianâ in rem actione*, eſt générale. Suivant cette loi, *ſi duobus quis ſeparatim vendiderit bonâ fide ementibus, ... potior ſit* ille *cui priori res tradita eſt.* Ces déciſions du Droit Romain ſont obſervées en France. *Voyez* les Notes de M. de Lauriere, ſur les inſtitutes coutumieres de Loiſel, tom. 2, pag. 36, édition de Paris 1710. M. Argou, *inſtit. au Droit François*, Liv. 3, Chap. 23. Le Dictionnaire de Droit. V. *Tradition.* Les principes de Routier, Liv. VII. *des Contrats*, ſect. 2, nomb. IX.

Voici enfin ce que remarque M. Pothier, dans ſon traité *du contrat de vente*, nomb. 319. Si le propriétaire d'une choſe après l'avoir vendue à un premier acheteur, ſans la lui livrer, avoit la mauvaiſe foi de la vendre & livrer à un ſecond; ce ſeroit à ce ſecond acheteur que la propriété ſeroit transférée. Le premier n'auroit qu'une action perſonnelle contre le vendeur, pour ſes dommages & intérêts, réſultans de l'inexécution du contrat, & il ne pourroit répéter la choſe livrée au ſecond acheteur qui l'auroit achetée de bonne foi, *inſcius prioris venditionis.*

M. Collet, (*a*) après quelques Auteurs qu'il cite, donne à entendre que l'acheteur de mauvaiſe foi n'eſt pas obligé de ſe deſſaiſir de la choſe, avant la Sentence du Juge, *niſi fortè induxerit venditorem ad eam rem ſecundâ vice vendendam.* Ce ſentiment paroît inſoutenable. Car le ſecond acheteur ne peut retenir la choſe qui lui eſt livrée, que quand les loix l'y autoriſent. Or les loix ne l'y autoriſent point, s'il eſt de mauvaiſe foi; c'eſt-à-dire, s'il a acheté un bien déjà vendu, étant inſtruit de la premiere vente, *conſcius nempe prioris venditionis.* Voyez la ſeconde des loix que nous avons rapportées ci-deſſus. *Si duobus quis ſeparatim vendiderit bonâ fide ementibus, &c.*

OBJECTION. Suivant le Droit Romain, la perte ou la détérioration d'une choſe vendue, quoique non livrée, tombe ſur l'acheteur, qui demeure toujours obligé d'en payer le prix convenu; à moins que le vendeur

(*a*) Tom. I. in-8°. édit. de 1747 pag. 587.

ne se fût chargé des risques, ou qu'il ne fût coupable de faute ou de retardement. C'est donc l'acheteur qui a le domaine de la chose vendue, quoique non livrée. En effet, *res perit aut decrescit Domino. Atqui perit illa aut decrescit emptori. Ergò emptor est hujus rei Dominus.* Si le domaine est transféré par la premiere vente, la seconde est nulle.

Réponse. Il est vrai, dit Domat (*a*) que l'acheteur d'une chose non livrée n'a pas encore sur elle un droit plein & irrévocable, mais il y a un droit suffisant, pour profiter de tous les changemens qui rendent la chose meilleure, même avant la délivrance. Il est donc juste que, si la chose périt avant la délivrance, il en souffre la perte. Car *qui sentit commodum, sentire debet onus.* Reg. 55. *in* 6°.

Cette raison, quoique reçue communément, ne leve pas la difficulté. Il est facile de répondre que l'acheteur ne doit souffrir la perte, que dans le même sens qu'il auroit le pro-

(a) Loix Civiles.

fit. Or, suivant l'hypothese, l'acheteur ne profiteroit que des améliorations de la chose vendue. Il ne devroit donc souffrir que la detérioration, & non la perte entiere de cette même chose. Ainsi il faut recourir à une autre solution.

Plusieurs modernes, comme Pufendorf, Barbeyrac, &c. ont cru que les Jurisconsultes Romains s'étoient écartés sur cette matiere, des vrais principes du Droit naturel; & ils prétendent que la chose vendue est au risque du vendeur avant la délivrance; que c'est sur lui que doit tomber la perte fortuite de cette chose, pourvu que l'acheteur n'ait pas été en demeure de la recevoir. En conséquence ils ajoûtent que c'est le vendeur qui doit profiter des accroissemens survenus dans la chose vendue.

Il faut avouer que ce dernier sentiment est appuyé sur de fortes raisons: Car 1°. l'acheteur n'est point véritablement propriétaire avant la tradition de la chose vendue. Cela paroît constant, puisque le vendeur peut valablement en transférer le domaine à un ſecond acheteur ; & que pour transférer le domaine , il faut l'avoir.

C'eſt donc réellement le vendeur & non l'acheteur qui, avant la délivrance d'une choſe vendue , en a le domaine & la propriété.

2°. Avant la tradition , l'acheteur n'a que *jus ad rem*. Donc le vendeur conſerve *jus in re*.

3°. Lorſque la choſe vendue eſt périe par un cas fortuit , avant la délivrance , il ſeroit injuſte d'obliger l'acheteur à payer le prix convenu. Car enfin l'acheteur ne s'eſt engagé à payer le prix que ſous la condition expreſſe ou du moins tacite , qu'on lui livreroit la choſe par lui achetée.

Voyez M. Pothier , *Traité du contrat de vente* , nom. 307. Quoiqu'il s'en tienne à l'opinion des Juriſconſultes Romains , il ne laiſſe pas de convenir *que la queſtion a ſa difficulté* , & qu'il ſembleroit même que les Juriſconſultes Romains n'auroient pas été unanimes ſur cette queſtion ; ce qu'il prouve par une loi du digeſte.

CAS II. Si l'on ſuppoſoit qu'Alexandre eût fait à Claude une tradition feinte, & depuis à Philippe une tradition réelle du même fonds, auquel devroit-il appartenir ?

RÉPONSE. 1°. La tradition est *réelle* ou *feinte*. La tradition réelle se fait, lorsque l'acheteur est mis en possession réelle de la chose à lui vendue. La tradition feinte a lieu, lorsque l'acheteur est censé mis en possession de la chose vendue, quoique cette chose reste par devers le vendeur.

Cette derniere espece de tradition se trouve en plusieurs cas, dont nous allons faire l'énumération.

Premier cas. Il y a tradition feinte, lorsque le contrat de vente porte une clause par laquelle il est dit que le vendeur s'est dessaisi de la chose vendue & en a saisi l'acheteur. Pour lors, la tradition feinte existe dès le moment du contrat, & avant que l'acheteur ait été mis en possession réelle.

Second cas. Il en est de même, lorsque le vendeur déclare par le contrat, que dorénavant il n'entend tenir la chose vendue que comme usufruitier, locataire ou fermier de l'acheteur.

Troisiéme cas. La remise des clefs d'une maison, faite par le vendeur à l'acheteur, est encore une tradition feinte que l'on nomme tradition symbolique, la remise des clefs étant le symbole de la tradition réelle.

Quatriéme cas. La remise des titres, en fait de donation, passe aussi pour une tradition symbolique de la chose donnée.

2°. Cela posé, on peut soutenir comme plus probable, que le premier acheteur qui n'a qu'une tradition feinte, doit être préféré au second acheteur qui a la tradition réelle. » Parmi nous, *dit M. Argou, Liv. 3.* » *Chap. 23*, on met toujours une » clause dans les contrats de vente, par » laquelle le vendeur se dépouille & » se démet de la propriété & de la » possession de la chose vendue, pour » en saisir l'acquereur ; ce qu'on ap» pelle tradition feinte. Dès le mo» ment que le contrat est parfait & » accompli, tous les droits qui ap» partiennent au vendeur, passent en » la personne de l'acquereur «.

On objecte que si la tradition feinte

ſuffiſoit pour transférer la propriété d'un bien, il ſeroit facile de troubler les poſſeſſeurs réels par des ventes ſecretes & antidatées. Nous répondons que cet inconvénient n'eſt point à craindre, quand il s'agit de contrats paſſés devant Notaires & contrôlés, ou de contrats dont la date eſt d'ailleurs conſtante. D'où nous concluons avec pluſieurs Juriſconſultes qu'un premier acheteur, à qui on n'a fait qu'une tradition feinte de la choſe qui lui a été vendue, peut la révendiquer contre un ſecond acheteur qui en auroit la poſſeſſion réelle. » Je crois, *dit M. Pothier* (a) cette opinion plus véritable, » avec cette limitation : pourvu que la » preuve de la tradition feinte ſoit établie » par un acte authentique ; ou ſi l'acte eſt » ſous ſignature privée, pourvu que l'antériorité de la date à la tradition réelle » faite au ſecond acheteur...., ſoit ſuffiſamment conſtatée, *puta* par la » mort de quelqu'une des parties qui » ont ſouſcrit *l'Acte*.

(a) Traité du contrat de vente, nomb. 322.

3°. Ce que nous venons de remarquer, n'eſt point contraire à ce qui a été dit dans la réponſe au cas I. Il eſt toujours vrai que, par le moyen de la tradition faite au ſecond acheteur, celui-ci l'emporte ſur le premier. Mais cela doit s'entendre d'un premier acheteur, auquel on n'ait fait ni tradition réelle ni tradition équivalente.

CAS III. Jean ayant reçu la collation d'un Bénéfice, le premier jour de Janvier; Jacques a été pourvu du même Bénéfice le 5 du même mois, & il en a pris poſſeſſion avant ſon contendant. Lequel doit être préféré?

RÉPONSE Jean doit avoir la préférence, parce que, du côté de la collation, il eſt le premier en date. » Le premier pourvu, *dit M. de la* » *Combe* (*a*) doit être préféré, quoi- » que le ſecond ait pris poſſeſſion le pre- » mier; ce qui a lieu non-ſeulement » en Régale, mais auſſi entre tous

(*a*) Recueil de Juriſprud. Canonique, V. date, nomb. 3.

» les autres pourvus. Ainsi la loi *Quo-*
» *ties* 15. C. *de rei vindicatione*, n'a
» pas lieu en Bénéfices, quand même
» le second pourvu auroit obtenu un
» rescrit du Pape, portant que le der-
» nier fût préféré. Ainsi jugé au grand
» Conseil.

La raison est que la seule collation d'un Bénéfice donne le *jus in re*. La prise de possession n'ajoûte rien à ce droit ; & par conséquent elle ne peut pas nuire au premier pourvu, ni empêcher qu'il ne soit le véritable titulaire du Bénéfice.

SECONDE PARTIE.

DES DIFFÉRENTES ESPECES DE L'ACTION JURIDIQUE.

IL y a des Actions qui proviennent du délit ou du quasi-délit ; il y en a aussi qui naissent du contrat ou du quasi-contrat ; enfin il y en a d'autres qui sont fondées uniquement sur la loi ou la coutume ; c'est ce que nous examinerons dans les quatre Chapitres suivans.

CHAPITRE PREMIER.

Des Actions qui proviennent d'un délit ou d'un quasi-délit.

I. LE délit est une action nuisible & faite à dessein de nuire à autrui.

Non-ſeulement le délit donne action contre le délinquant ; mais celui-ci eſt obligé en conſcience, & avant la Sentence du Juge, de réparer le dommage cauſé par ſon action. C'eſt un principe inconteſtable, qui ne ſe prouve pas, & que l'on peut ſuppoſer comme évident ; puiſqu'il eſt fondé immédiatement ſur les premieres maximes du droit naturel.

Voici néanmoins un cas particulier qui paroît ſouffrir quelque difficulté.

CAS. Antoine, dont la maiſon avoit été incendiée par la méchanceté de Fabius, trouva des aumônes ſi abondantes, qu'il fit rebâtir ſa maiſon, & ſe fournit de meubles, meilleurs que ceux qu'il avoit perdus. Il ſe réjouit maintenant du malheur qui lui eſt arrivé ; parce que ſa maiſon & ſes affaires ſe trouvent en meilleur état. Fabius lui doit-il encore quelque dédommagement ?

RÉPONSE. Les ſecours qu'Antoine a reçus de la charité des fideles, ne lui ont pas été donnés à la décharge de Fabius. Cela n'a rien changé aux obligations de l'incendiaire. Il eſt donc tout auſſi redevable qu'il le ſeroit, ſi Antoine n'avoit pas trouvé une ſeule obole. Cela peut s'éclaircir par une comparaiſon. Suppoſons que quelqu'un en paſſant par une forêt, eſt arrêté par des voleurs qui lui prennent la ſomme de trois cents livres. A quelques pas de là, il rencontre un homme riche & charitable, qui étant inſtruit de ſon accident, lui donne cent piſtoles. On ne dira pas que les voleurs deviennent par là diſpenſés de la reſtitution de ce qu'ils ont pris. Il en eſt de même dans le cas propoſé.

On objecte qu'il faudroit du moins obliger Fabius à faire la reſtitution aux pauvres, parce qu'ils ont perdu les aumônes qui ont été faites à Antoine.

Mais 1°. on ſuppoſe gratuitement que les pauvres ont perdu quelque choſe à l'occaſion des aumônes qu'Antoine a reçues. Un accident fâcheux engage à faire des efforts, auxquels on ne penſeroit pas même dans une autre circonſtance. Tous les jours on donne à des incendiés ce qu'on ne donneroit point à d'autres.

2°. Tout ce qu'Antoine a reçu ; lui a été donné d'une maniere absolue, & non pas à condition de le rendre aux pauvres, s'il recevoit la réparation du dommage. Les pauvres ne peuvent donc y rien prétendre.

3°. Si les pauvres n'ont aucun droit sur ce qui a été donné à Antoine par charité ; ils en ont encore moins sur ce qui lui est dû à titre de restitution.

Mais, dira-t-on, Antoine est présumé consentir que la restitution se fasse aux pauvres.

Rép. Sur quoi est fondée cette présomption ? Est-ce sur le motif qu'Antoine a une maison neuve, & qu'il se trouve plus à son aise, depuis l'incendie ?

Cette raison n'est nullement concluante. Antoine pourra répondre qu'il ne fait tort à personne, en retenant d'une part ce qu'on lui a donné libéralement, & en exigeant d'ailleurs ce qui lui est dû par justice. Il faudroit donc consulter Antoine, pour s'assûrer de ses intentions.

Tout ce qu'on pourra conclure de

l'état plus commode où se trouve Antoine, c'est qu'il faut l'obliger à des aumônes qui y soient proportionnées. A la bonne heure.

II. Le quasi-délit (a) est le dommage que l'on a causé par sa faute, mais sans avoir eu la volonté de faire du mal ; en quoi le quasi-délit differe du délit, qui est toujours accompagné du dessein de nuire.

Les quasi-délits, sont au nombre de quatre ; savoir le mal jugé par impéritie, la déjection ou l'effusion de choses qui ont porté préjudice à quelqu'un, la position ou la suspension (sur un lieu passager) de choses qui peuvent tomber & causer quelque tort aux passants, le dommage ou le vol fait dans un navire, dans un cabaret, dans une hôtellerie, par les domestiques préposés pour y servir. Le délit de ces domestiques, est un quasi-délit pour leurs maîtres.

Les auteurs du quasi-délit sont obligés à la réparation du dommage qui

(a) *Voyez* le Dict. de Droit. *V. quasi-délit.*

en a été la suite. C'est ce que nous allons prouver dans la Réponse au cas suivant.

CAS I. Licinius ayant placé sur sa fenêtre une caisse pleine de fleurs, cette caisse est tombée sur un homme qui passoit, & l'a blessé considérablement. On demande 1°. si l'homme blessé aura contre Licinius une action en dommages & intérêts ; 2°. Si Licinius est tenu en conscience à la réparation du dommage, supposé qu'on ne forme aucune plainte contre lui.

RÉPONSE I. L'Auteur du quasi-délit comme on vient de le dire, est tenu de tout le dommage qu'il a causé, quoique sans aucun dessein de nuire.

1°. Le Droit Canonique y est formel. Dans le Chap. 9. *extrà. De injuriis & damno dato.* On trouve cette décision du Pape Grégoire IX. *Si culpâ tuâ datum est damnum, vel injuria irrogata, seu aliis irrogantibus opem fortè tulisti ; aut hæc imperitiâ tuâ sive negligentiâ evenerunt, jure super his satisfacere te oportet, nec ignorantia te excusat, si scire debuisti*

buisti ex facto tuo injuriam verisimiliter posse contingere vel jacturam.

2°. Le Droit Civil a décidé la même chose dans plusieurs loix dont Domat nous donne le précis en ces termes : » Toutes les pertes & tous les dom- » mages qui peuvent arriver par le » fait de quelque personne, soit impru- » dence, légéreté, ignorance de ce » qu'on doit savoir, ou autres fautes » semblables, si légeres qu'elles puis- » sent être, doivent être réparées par » celui dont l'imprudence ou autre » faute y a donné lieu. Car c'est un » tort qu'il a fait par sa faute, quand » même il n'auroit pas eu intention » de nuire «. *Loix Civiles*, Tom. 1, Liv. 2. *tit.* 8. *sect.* 4. *nomb.* 1.

Pour savoir maintenant si l'homme qui a été blessé peut avoir action contre Licinius, il faut distinguer, 1°. si la maison de Licinius étoit située dans un lieu écarté, où personne ne passoit ordinairement, ni ne s'arrêtoit; Licinius ne peut être sujet à aucune réparation. Car il n'a pu ni dû prévoir que quelqu'un passât par un lieu où personne n'avoit coutume de passer.

Ainſi, dans ce cas, Licinius n'eſt point en faute. Il n'y a donc point d'action contre lui, & il n'eſt point obligé à la réparation du dommage. *Rem quæ culpâ caret, in damnum vocari non convenit.* Cap. 2. *extrà. de conſtit.*

2°. Mais ſi la maiſon de Licinius étoit ſituée dans un lieu où les hommes avoient coutume de paſſer ou de s'arrêter; il a été coupable d'imprudence en mettant ſur ſa fenêtre une caiſſe dont la chute pouvoit nuire au prochain. Il doit donc répondre du dommage qui eſt arrivé, parce qu'il a pu & dû le prévoir; *nec ignorantia te excuſat*, dit Grégoire IX. *ſi ſcire debuiſti ex facto tuo injuriam veriſimiliter poſſe contingere vel jacturam.*

RÉPONSE II. Dans cette derniere hypotheſe, Licinius eſt obligé en conſcience de réparer le dommage, quand même la partie léſée ne formeroit aucune plainte contre lui. Car il ne faut pas raiſonner de ce qui eſt dû pour la réparation du dommage, comme de l'amende qui eſt prononcée par le juge. » S'il y a, *dit Do-* » *mat*, quelque chose de suspendu d'un » toît, d'une fenêtre, ou d'un autre en- » droit, d'où la chute puisse causer quel- » que dommage; celui qui tient ce lieu, » sera condamné à une amende;... quand » même la chose ne seroit pas tombée. » Car il est de l'intérêt public qu'on » aille sans péril, & en sûreté des » accidents de cette nature. Si la chose » suspendue vient à tomber & cause » quelque mal, celui qui habite la » maison, sera tenu du dommage, » outre la peine de l'amende qu'il de- » vroit, quand il n'en seroit arrivé au- » cun accident «. *Loix Civiles, ubi suprà*, nomb. 9.

Suivant ces principes, on convient que Licinius n'est point tenu de payer l'amende, à moins qu'il n'y soit condamné par le Juge. La raison est que l'amende étant une peine, requiert la Sentence du Juge. Mais il n'en est pas de même pour le dommage que Licinius a causé par sa faute. Il est obligé d'en faire la réparation, avant la Sentence du Juge; parce que cette obligation est fondée sur le droit naturel.

Mais, dira-t-on, si l'homme qui a souffert le dommage, n'agit point contre Licinius, n'est-il pas censé lui remettre la dette ?

Rép. Non ; parce que cet homme peut être détourné d'entreprendre un procès, ou par la crainte de ne pas réussir, ou par défaut de moyens, ou par l'amour de la paix, ou par quelque autre motif semblable. Il faut donc que Licinius répare tout le dommage, ou qu'il obtienne une remise libre de celui qui l'a souffert. Si c'est un ouvrier ; il faut, pour l'indemniser entiérement, lui rendre ce qu'il a dépensé en médicaments, & ce qu'il a perdu par la privation de son travail.

OBJECTION. Dans le cas où l'on suppose Licinius coupable, il n'a point commis de faute *Théologique*, c'est-à-dire, une faute qui soit péché devant Dieu. On ne peut reprocher à Licinius qu'une faute *Juridique*, c'est-à-dire, un simple défaut de prudence & de précaution. Il n'est donc point tenu de restituer, du moins avant la Sentence du Juge ;

puisque, hors le cas du contrat ou du quasi-contrat, l'obligation de restituer ne peut naître que d'une faute Théologique.

RÉPONSE. On avoue que tel est le sentiment de plusieurs Casuistes anciens & modernes.

Mais 1°. Où trouveront-ils une faute Juridique, qui ne soit pas en même tems faute Théologique ? Si l'on fait une chose dont on ait pu & dû prévoir les suites dangereuses, il y a faute Théologique ; parce que Dieu défend les actions capables de nuire au prochain, dès qu'elles sont volontaires en elles-mêmes ou dans leur cause. Si au contraire l'action est telle, qu'on n'ait pu ni dû en prévoir les mauvaises suites ; il n'y a plus aucune faute ni Théologique, ni Juridique ; c'est un cas purement fortuit, quoique la faute Juridique soit présumée dans le for extérieur.

2°. En supposant qu'il y ait une faute purement & simplement Juridique ; on peut soutenir qu'elle suffit pour obliger à la réparation du dommage qui en résulte. Car chacun doit répondre de ses faits, du moins quant aux suites qu'il a pu & dû prévoir. Aussi Grégoire IX, dans le Chapitre rapporté ci-devant, ne distingue point entre la faute Théologique & la faute Juridique. Ce pape décide en général, que celui qui a causé du dommage par sa faute quelconque, est de droit obligé de satisfaire la partie lésée : *Si culpâ tuâ datum est damnum, &c. Jure super his satisfacere te oportet.*

On objecte encore que, dans le fait de Licinius, il n'y a ni *injusta acceptio*, ni *injusta detentio*, ni *injusta damnificatio*, ni *contractus*, ou *quasi-contractus* ; & qu'il ne se trouve par conséquent aucune cause qui oblige Licinius à la réparation du dommage.

Rép. 1°. Les *racines* ou causes de restitution qui viennent d'être rapportées, ne sont pas les seules. On peut dire que l'obligation de restituer provient de quatre causes qui sont le contrat & le quasi-contrat, le délit & le quasi-délit. Suivant cette opinion, qui vaut bien l'autre, on soutiendra que Licinius est tenu de restituer *ex quasi-delicto*; ce qui suffit.

2°. On peut ajouter que Licinius est sujet à la restitution, *ratione injustæ damnificationis*; puisque quiconque cause à autrui du dommage par une faute de commission, est toujours injuste *damnificateur*.

Nous disons par une faute de *commission*. Car nous convenons que pour une faute de pure omission, personne n'est tenu de restituer, *extra casum contractûs aut quasi contractûs*. La raison est que, hors le cas du contrat ou du quasi-contrat, la faute d'omission n'est point contraire à la justice, mais seulement à la charité.

Au contraire la faute de commission qui nuit au prochain, est toujours contraire à la justice. En effet, on n'a jamais droit de faire sciemment une action préjudiciable aux autres. Donc en la faisant, on viole le droit d'autrui. On commet donc une injustice réelle; puisque l'injustice n'est autre chose que *juris alieni violatio*.

CAS II. Marcellus a causé un grand

dommage, par une faute qui n'eſt que péché veniel. Eſt-il tenu de réparer tout le dommage, hors le cas du contrat ?

RÉPONSE. Pluſieurs Auteurs prétendent que, dans cette hypotheſe, l'injuſte damnificateur n'eſt point obligé en conſcience, & avant la Sentence du Juge, à la réparation de tout le dommage. La principale raiſon qu'ils en donnent, c'eſt que l'obligation de reſtituer, quoiqu'elle ne ſoit pas proprement une peine, doit cependant être réglée comme une peine; *quamvis non ſit propriè pœna, pœnæ tamen rationem imitatur.* Or, ajoûtent les mêmes Théologiens, la peine doit être proportionnée à la faute. Donc, ſi la faute eſt legere, la reſtitution qui tient lieu de peine, doit être moins conſidérable.

Mais ce raiſonnement part d'un faux principe. Nous nions abſolument que l'obligation de reſtituer doive être réglée comme une peine; *neque eſt propriè pœna, neque pœnæ rationem imitatur.*

En effet, la peine eſt ou fixée par

la loi, ou arbitrée par le Juge. Le Législateur pouvoit décerner une peine plus ou moins forte ; & au défaut de la loi, le Juge peut prononcer plus ou moins sévérement. Enfin, lorsque la loi est susceptible d'interprétation, il faut préférer la plus douce. *In pænis benignior est interpretatio facienda.* Reg. 49. *in* 6°. Or, il n'en est pas de même quant à la restitution. Il ne dépend pas du Juge ni du Législateur, de la modifier ou de la diminuer. Elle doit se faire avec une justice rigoureuse. *Cum æqualitate rei ad rem.*

Concluons que Marcellus doit la réparation entiere de tout le dommage. En effet, il est la cause injuste du dommage entier. *Causa injusta & culpabilis totius damni.* Il est donc tenu de réparer tout, à moins qu'il n'obtienne la remise d'une partie ; ce que nous estimerions équitable de lui accorder. Mais cela dépend de la volonté de celui qui a souffert le dommage. On ne pourroit exiger de lui cette remise, mais seulement la lui conseiller.

Objection. Dans le cas du contrat, celui qui cause un dommage considérable par une faute legere ou très-légere, n'est pas toujours obligé d'en répondre. Par exemple, un dépositaire qui a laissé perdre le dépôt *culpâ suâ levi aut levissimâ*, n'est tenu à rien. Or est-il juste qu'une faute légere impose plus d'obligation, quand il n'y a point de contrat, que quand il y en a un ?

Réponse. Oui, cela est juste; & en voici la raison. C'est que dans le cas du contrat, on n'est comptable que de la faute dont on s'est engagé de répondre. Donc, si l'on ne s'est engagé de répondre que des fautes lourdes, on ne doit rien pour les fautes légeres. C'est ce qui a lieu dans le dépôt. Suivant le droit commun, le dépositaire ne s'engage à répondre du dépôt, que quand il est perdu ou endommagé par sa faute lourde, ou par sa négligence grossiere. Le déposant accepte du moins tacitement ces mêmes conditions. Le dépositaire est donc seulement tenu *de culpâ latâ*, & non point *de culpâ levi aut levis-*

ſimâ. Mais , lorſque je n'ai point contracté avec un homme , je ne me ſuis pas chargé de ſouffrir les dommages qu'il me cauſera par ſa faute *de commiſſion*, quoique légere ou très-légere. Donc , s'il me cauſe réellement du dommage par une faute de cette eſpece, je dois avoir action contre lui *extra contractum* , quoique je n'en euſſe pas toujours , *poſito contractu.*

CHAPITRE II.

Des Actions qui naissent du contrat.

I. LES contrats produisent des obligations, & conséquemment des actions; puisque, suivant la maxime commune, *obligatio est mater actionis.*

II. Le contrat est une convention faite entre deux ou plusieurs personnes, qui forme entr'elles un engagement.

Suivant notre Droit, on divise les contrats en synallagmatiques ou bilatéraux, & en contrats unilatéraux.

1°. Les contrats synallagmatiques ou bilatéraux sont ceux par lesquels chacun des contractants s'engage envers l'autre. Tels sont les contrats de vente, de louage, d'échange, &c.

2°. Les unilatéraux sont ceux dans lesquels il n'y a que l'un des contractants qui s'engage envers l'autre, comme dans le prêt d'argent, dans la promesse, &c. *Voyez* M. Pothier, *Traité des Obligations*, Part. 1. Chap. 1. Sect. 1.

Comme nous ne nous proposons point de donner un traité des contrats, il nous suffira de parler 1°. de quelques regles ou formes qui appartiennent aux contrats ; 2°. Des différentes sortes de créanciers.

ARTICLE PREMIER.

De quelques régles ou formes qui appartiennent aux contrats.

I. QUOIQUE le consentement constitue proprement le contrat ; il y a néanmoins des cas où le seul consentement des Parties ne suffit point pour rendre le contrat parfait & obligatoire.

Car 1°. » Si les parties, *dit Rou-» tier*, (*a*) sont convenues de passer » contrat par devant Notaires, il n'est » point parfait, qu'il ne soit rédigé » par écrit, signé des parties, des té-

(*a*) Principes, pag. 332, nomb. II. édit. de 1748.

» moins & des Notaires. Et jusques-» là, il est libre aux parties de s'en » départir impunément «.

Cela est vrai non-seulement pour le for extérieur, mais pour le for de la conscience. Celui des contractants qui change d'avis, ne fait point d'injustice à l'autre ; puisque le contrat n'avoit été fait qu'à cette condition, & que d'ailleurs les deux contractants ont à cet égard la même liberté.

2°. Il y a des contrats, qui ne sont point censés parfaits, à moins que l'on n'ait donné des arrhes, que l'on nomme communément *denier à Dieu*, parce que c'est ordinairement une petite piéce de monnoie, dont on a coutume de faire l'aumône. D'autres disent *denier d'adieu*, parce que cette piéce est donnée par l'acheteur au vendeur, lorsque les parties, après avoir conclu leur marché, se séparent & se disent *adieu*.

3°. C'est un principe incontestable, *dit de Ferriere*, (*a*) que

(*a*) Dict. de Droit, V. *Contrat, par rapport au Droit François*.

tout contrat de choses qui excédent la somme de cent livres, doit être rédigé par écrit, soit par devant Notaires, soit sous-seing privé ; attendu que, suivant l'art. 54 de l'Édit de Moulins de 1566, la preuve par témoins n'est pas admise pour somme excédante cent livres.

Observez néanmoins, *dit M. Pothier, Traité des obligations, nomb.* 753, qu'à l'égard des marchés, qui se font de Marchands à Marchands, soit dans les foires, soit hors les foires, les Juges-Consuls qui en connoissent, ne sont point astreints à la disposition de l'ordonnance, & peuvent, selon les circonstances, en admettre la preuve par témoins, quoique l'objet excéde la somme de cent livres.

Au reste, quoique, réguliérement parlant, un contrat de choses excédant cent livres, & non rédigé par écrit, n'oblige point dans le for extérieur, il ne laisse pas d'obliger assez souvent dans le for de la conscience. Pour cela il suffit que le contrat fût d'ailleurs parfait & conforme à toutes les régles de la justice & de l'équité.

Dès-là il produit une obligation naturelle dans le for intérieur.

Cependant le contrat, non rédigé par écrit, ne produit pas même d'obligation naturelle dans les cas suivants.

1°. Lorsque les parties étoient convenues d'écrire ou par devant Notaires, ou sous signature privée. Car jusqu'à ce que l'écrit soit fait en la maniere qu'il a dû l'être, le contrat est comme en suspens; & il est permis aux contractants de se résilier.

2°. Il en est de même, lorsqu'il s'agit de la vente d'un héritage ou de quelque autre immeuble. Car la vente d'un immeuble, qui est purement verbale, & non accompagnée de tradition réelle, ne doit être considérée que comme un projet de vente.

II. Ce qui a été dit sur la forme des contrats, est renfermé dans deux articles de notre Coutume.

Art. 527. » Nul n'est tenu at» tendre preuve de son héritage par » témoins : ains doivent tous contrats » héréditaires & hypothécaires être pas» sés devant Notaires & Tabellions, » ou pour le moins, sous seing privé » des contractants.

Art. 528. » Néanmoins ſi le con» trat en a été paſſé, ou ſi le ſeing » privé a été reconnu devant Tabel» lions, ou que les regiſtres ne s'en » puiſſent recouvrer; celui qui l'a perdu » doit être reçu à faire preuve par » témoins que ledit contrat avec la » reconnoiſſance ont été vus, tenus » & lus, & le contenu en iceux, » & qu'il y ait eu poſſeſſion ſuivant le » contrat «

III. Pour qu'un acte ſoit authentique, il ne ſuffit pas qu'il ait été reçu par un Notaire ou autre Officier public, compétent & non interdit de ſes fonctions. Il faut encore pour l'authenticité de l'acte, que les formalités requiſes aient été obſervées; par exemple, que le Notaire ſe ſoit fait accompagner d'un autre Notaire ou de deux témoins, que ſon acte ſoit ſur du papier timbré, & enfin qu'il ſoit contrôlé.

Lorſque l'acte n'eſt pas authentique, ſoit par l'incompétence ou l'interdiction de l'Officier, ſoit par le défaut de forme; s'il eſt ſigné des parties, il fait au moins contre la partie qui l'a ſigné, la même foi que feroit un acte ſous ſignature privée. M. Pothier, *Traité des Obligations*, Part. IV. Chap. 1. nom. 732 & 733.

IV. Les actes ſous ſignature privée font la même foi contre ceux qui les ont ſouſcrits, leurs héritiers ou ſucceſſeurs, que les actes authentiques, mais avec quelque différence.

Car 1°. Les actes authentiques ne ſont ſujets à aucune reconnoiſſance; au lieu que le créancier ne peut, en vertu d'un acte ſous ſignature privée, obtenir aucune condamnation contre celui qui l'a ſouſcrit, ſes héritiers ou ſucceſſeurs, qu'il n'ait préalablement conclu à la reconnoiſſance de l'acte, & fait ſtatuer ſur cette reconnoiſſance. *Voyez* l'Édit de Décembre 1684.

D'ailleurs les héritiers du défunt, pouvant ne pas connoître ſon écriture, ne ſont point obligés de la reconnoître ou de la dénier préciſément; & ſur la déclaration qu'ils font de ne point la connoître, le Juge ordonne la vérification. Mais la perſonne qui a elle-même ſouſcrit l'acte, ne pouvant ignorer ſa propre ſignature, doit la reconnoître ou la dénier précisément ; & faute par elle de la dénier, le Juge prononce la reconnoissance de l'acte, comme signé d'elle. M. Pothier, *ibid.* nomb. 742.

2°. Les actes authentiques emportent hypothéque, du jour même que le contrat est passé ; au lieu que les actes sous signature privée, ne donnent ordinairement hypothéque, que du jour qu'ils sont reconnus par devant Notaires, ou par Sentence du Juge. (*a*)

3°. Les actes authentiques, ayant une date constante, par le témoignage de l'officier public, qui a reçu l'acte ; ils font foi même contre un tiers ; que la chose contenue dans l'acte, s'est passée dans le temps porté par cet acte. Mais les actes sous signature privée, étant sujets à être antidatés, ne font ordinairement foi contre les tiers, que du jour qu'ils sont rapportés ou produits au tiers.

C'est pourquoi, si j'ai fait saisir réellement l'héritage de mon débiteur, & que le fermier qui est dans cet héritage, s'oppose à la saisie, prétendant que l'héritage lui appartient ;

(*a*) Dict. de Droit, V. *Hypothéque.*

pour le prouver, il ne lui suffit pas de produire un acte sous signature privée, par lequel il soit dit, que mon débiteur lui a vendu cet héritage. Car, quand même cet acte auroit une date antérieure à ma saisie réelle, qui pourra m'assurer que cette date est véritable, & que l'acte n'est point antidaté?

Néanmoins si l'acte sous signature privée avoit une date constante, v. g. par le décès de quelqu'une des parties qui l'auroient souscrit; il feroit foi même contre un tiers, que la chose contenue dans l'acte, s'étoit déjà passée au temps de la mort de la partie qui l'a souscrit. M. Pothier, *ubi suprà*, nomb. 749.

V. Il y a encore une observation à faire touchant les cédules ou promesses par lesquelles une personne s'oblige de payer une somme pour prêt d'argent ou autre sujet. Lorsque la promesse est écrite d'une autre main que de celle de la personne qui la souscrite; il faut, pour qu'elle fasse foi contre cette même personne, qu'elle ait, outre sa signature, écrit de sa main, la somme qu'elle s'oblige de payer ; ce qui se fait ordinairement en ces termes : Bon *pour telle somme.* C'est ce qui a été ordonné par la Déclaration du Roi du 22 Septembre 1733, pour éviter les surprises que l'on fait à des personnes, qui ne savent que signer leur nom. La loi, pour ne point trop gêner le commerce, excepte pourtant de sa disposition, les Marchands, Artisans, Laboureurs, & gens de campagne, contre lesquels les cédules par eux souscrites font foi, quoiqu'elles ne contiennent que leur signature. M. Pothier, *ibid.* nomb. 744.

Nous terminerons ce Chapitre par quelques cas particuliers, relatifs aux différens contrats.

CAS I. Baptiste faisant commerce de toiles, il arrive qu'on lui en rapporte une piéce qu'il avoit donnée à blanchir, & qui a été pourrie sur le pré, par l'effet du mauvais temps.

La femme de Baptiste, voyant cette piece de toile, refuse de l'exposer en vente, disant qu'en honneur & en conscience, elle ne peut vendre une pareille marchandise. Ainsi la piéce de toile en question est mise à l'écart. Mais Baptiste étant devenu veuf, & voulant se défaire de toutes ses marchandises, prend le parti de les vendre publiquement à l'enchere. En conséquence il remet la piéce de toile qui étoit au rebut; il la remet, dis-je, & l'expose avec d'autres marchandises qui étoient bonnes, quoiqu'elles n'eussent pas plus d'apparence que la piéce de toile dont il s'agit. Cette piéce est mise à l'enchere. Barnabé en offre cent écus; & elle lui est adjugée. Il l'emporte chez lui, croyant avoir fait un bon marché: mais on lui fait remarquer aussi-tôt, que cette toile n'a que de l'apparence, & que dans le fond elle ne vaut rien. On demande si Baptiste est coupable d'injustice, & à quelle réparation il est tenu envers Barnabé?

RÉPONSE. Cette vente est injuste & nulle, parce qu'il y a dol de la part du vendeur, & erreur substantielle de la part de l'acheteur.

1°. Il y a dol de la part du vendeur. En effet on appelle dol, tout eſpece d'artifice dont quelqu'un ſe ſert pour tromper un autre. *Labeo.... definiit dolum malum eſſe omnem calliditatem, fallaciam, machinationem, ad circumveniendum, fallendum, decipiendum alterum adhibitam.* Leg. 1. §. 2. *ff. de dolo malo.*

Or, ſuivant l'expoſé, Baptiſte eſt réellement coupable de cette eſpece d'artifice, qui a pour but, de tromper le prochain. Baptiſte, après la déclaration de ſa femme, ſavoit bien que la toile en queſtion n'avoit que l'apparence, & que dans le fond elle ne valoit rien. Il n'auroit eu garde de chercher à la détailler ou même de l'expoſer ſeule en vente; mais il la met entiere, pliée & arrangée avec d'autres piéces de toile, bonnes & bien conditionnées, quoique non plus apparentes que la mauvaiſe, dans l'eſpérance, ſans doute, que quelqu'un pourra y être pris.

Car enfin, qu'elle pouvoit être la prétention de Baptiſte? Etoït-ce que les acheteurs s'apperçuſſent du vice de ſa toile? Dans ce cas, il ne l'auroit pas expoſée en vente, puiſqu'il ſavoit très-bien que cette toile n'étoit d'aucune valeur, & que tout marchand qui s'appercevroit du défaut de ladite toile, se garderoit bien de l'acheter. Baptiste espéroit donc que quelqu'un seroit trompé par la belle apparence de sa toile. C'est pour cela qu'il l'a exposée avec d'autres piéces de toile qui étoient bonnes, quoiqu'elles ne fussent pas plus apparentes. Voilà donc réellement *fallacia*, *machinatio*, ... *ad decipiendum alterum adhibita.*

On objecte 1°. que Barnabé a commis une imprudence grossiere ; qu'il auroit dû examiner ou faire examiner la toile, avant que de l'acheter.

Rép. Nous convenons que Barnabé est un imprudent ; mais cela empêche-t-il que Baptiste ne soit un trompeur ? Si ceux que l'on attrape, se tenoient assez sur leurs gardes ; jamais ils ne se laisseroient surprendre. S'ensuit-il qu'on ait raison de les duper ?

On objecte 2°. que l'intention de Baptiste, en exposant sa piéce de toile,

toile, étoit qu'elle fût vendue ce qu'elle vaudroit.

Rép. 1°. Suivant l'hypothese, cette piéce de toile, considerée comme toile, ne valoit rien. Baptiste en étoit fort bien instruit. Il avoit donc tort de l'exposer en vente, sachant que l'apparence trompeuse en étoit la seule qualité réelle.

2°. Si Baptiste avoit eu intention de ne vendre sa toile que ce qu'elle vaudroit, il auroit aussi eu intention que les acheteurs apperçussent le vice de cette marchandise. Or il est évident par le fait même, qu'il avoit des vues bien différentes; nous l'avons prouvé suffisamment.

On objecte 3°. que, dans les ventes qui se font à l'enchere, l'offre du dernier enchérisseur est le juste prix.

Rép. Cela est vrai, quand il n'y a aucun dol, de la part du vendeur, & quand on expose en vente une marchandise réelle; ce qui n'a point lieu dans le cas présent.

II. Car, il y a ici erreur substantielle dans l'acheteur; ce qui fait que la vente est nulle.

Lorſque l'erreur ne tombe que ſur quelque qualité accidentelle de la choſe, cette erreur n'empêche pas que la convention ne ſoit valide & légitime. Par exemple, j'achete un livre dans la fauſſe perſuaſion qu'il eſt excellent, quoiqu'il ſoit fort au deſſous du médiocre. Cette erreur ne détruit pas mon conſentement, ni conſéquemment le contrat de vente.

Mais il n'en eſt pas de même, lorſque l'erreur eſt ſubſtantielle. Ainſi, par exemple, je veux acheter un tel livre, que je ſais être fort bon. On m'en préſente un exemplaire qui eſt très-bien relié. Je l'achete ſans l'ouvrir; mais je m'apperçois enſuite qu'il n'y a de bon que la couverture, que le dedans eſt gâté, que la plûpart des feuillets ſont tellement pourris, qu'il eſt impoſſible d'y lire. Voilà pour lors une erreur ſubſtantielle, qui rend nul le contrat de vente. J'ai voulu acheter un livre & on ne m'en a vendu que la couverture. Il faut en dire autant de la prétendue piéce de toile. Elle paroît toile au premier coup d'œil; & dans le fond, ce n'eſt qu'une matiere altérée ſubſtantiellement, qui ne peut ſervir à aucun des uſages auxquels on deſtine la toile. Si Barnabé vouloit la faire mettre en œuvre, il ne perdroit pas moins ce qu'il donneroit aux ouvriers, que les cent écus qu'il a payés à Baptiſte, Il y a donc ici une erreur qui tombe ſur les qualités ſubſtantielles de la choſe vendue ; erreur qui n'eſt pas moins contraire au conſentement que celle qui tomberoit ſur la ſubſtance même ; d'où il ſuit que, de la part de l'acheteur, il n'y a pas eu un vrai conſentement. Donc la vente eſt nulle ; & Baptiſte eſt obligé de rendre à Barnabé l'argent qu'il en a reçu, & de reprendre ſa toile.

CAS II. Nicolas, Bourgeois de Rouen, & marchand de ſavon, poivre & autres drogues en détail, ſe ſert du poids de marc au lieu du poids de vicomté, pour peſer les marchandiſes qu'il débite. Nicolas eſt-il en ſûreté de conſcience ?

RÉPONSE. Il faut remarquer qu'à Rouen, le poids de vicomté eſt plus fort que le poids de marc, de quatre livres ſur cent. (*a*) Cela poſé, nous répondons que Nicolas n'eſt point en ſûreté de conſcience, & qu'il péche contre la juſtice, en ne livrant les drogues qu'il détaille, que ſelon le poids de marc. On a interrogé ſur ce point pluſieurs marchands de probité, établis à Rouen. Ils repondirent d'une voix unanime que, pour les marchandiſes dont il eſt queſtion, vendues même en détail, on devoit le poids de vicomté ; que c'étoit une regle reçue univerſellement ; que ceux qui ne donnoient que le poids de marc, voloient le public, & qu'ils étoient obligés de faire la reſtitution au *prorata*.

En vain Nicolas objecteroit-il que, vendant en détail, (ce qui cauſe toujours du déchet) il perdroit ſur le poids de ſes marchandiſes, s'il n'avoit le poids de vicomté pour dédommagement. Les mêmes marchands ajouterent que cette raiſon ne peut avoir lieu ; parce que ceux qui achetent en gros, ont ſix pour cent.

(*a*) Dict. de Trévoux, V. *Poids*.

Ainsi, en donnant à leurs acheteurs, en détail le poids de vicomté, qui est de quatre pour cent, il leur reste encore deux pour cent de bon ; ce qui suffit pour les dédommager du déchet causé par le détail.

CAS III. Un maître de forge la loue pour un prix déterminé. Par le même contrat, il céde au fermier une provision considérable de charbon & de gueuses, mais à ces deux conditions : 1°. le locataire de la forge, après l'expiration du bail, sera tenu de fournir la même quantité de charbon & de gueuses. 2°. Il payera de plus un intérêt annuel. Le propriétaire dit pour se justifier : *je ne veux pas vendre mon charbon, &c.* car, à la fin du bail, mon locataire me rendroit ma forge sans provisions ; ce qui me feroit un tort considérable. En outre je puis regarder cela comme un fonds de forge, qui doit fructifier pour moi. Ces raisons sont-elles solides ?

RÉPONSE. Ce cas mérite bien de la reflexion. Un maître de forge la loue *pour un prix déterminé.*

Sans doute ce prix est la juste valeur du revenu de la forge. Comment après cela exige-t-il un autre prix ou *intérêt annuel* pour les gueuses & le charbon qu'il laisse au locataire ?

Car, 1°. Si, par les gueuses, on entend le moule où le fer reçoit sa premiere formation au sortir de la fonte ; ces gueuses font partie de la forge : de même à peu près qu'un pressoir fait partie d'une ferme bien plantée en pommiers. Pourquoi donc, après avoir exigé tout ce qui est dû pour la forge, veut-on encore exiger un intérêt annuel pour ces gueuses qui font partie de la forge ; de même que le gros marteau & les autres ustenciles ? Après que j'ai loué une métairie, où il croît beaucoup de pommes, si je disois au fermier : *il faut que vous me payez encore vingt livres de rente pour le pressoir* ; ce fermier me riroit au nez. Mais si j'ajoutois : *en me payant vingt livres par an pour le pressoir, vous serez chargé de le laisser à la fin du bail, dans le même état où il se trouve maintenant* ; ce fermier me tourneroit le dos avec une juste indignation.

2°. Si par les gueuſes on entend les piéces de fer que l'on retire du moule après la fonte, il faut raiſonner de ces gueuſes comme du charbon. Ce ſont deux choſes qui ne fructifient pas plus par elles-mêmes qu'une ſomme d'argent. Dès que le locataire eſt chargé par ſon bail de laiſſer en ſortant la même quantité de charbon & de gueuſes, & qu'il porte ſeul tous les riſques & toutes les pertes qui peuvent ſurvenir relativement à ces deux objets, il eſt censé avoir reçu le charbon & les gueuſes à titre de prêt *mutuum*. Ainſi l'intérêt qu'on lui fait payer, eſt viſiblement uſuraire; puiſque c'eſt *lucrum ex mutuo exactum*.

On dira peut-être qu'une forge bien munie de charbon & de gueuſes de fer, eſt plus appréciable. Mais ſi un maître de forge prêtoit à ſon locataire une ſomme de dix mille livres pour faire valoir la forge; ne pourroit-il pas dire également que ſa forge devient plus chere de 500 livres de rente? il auroit tort dans cette derniere hypotheſe. Comment pourroit-il avoir raiſon dans la premiere ? Que ce ſoit prêt d'argent, prêt de charbon, prêt de gueuſes de fer ; c'eſt toujours au fond la même choſe, dès que l'emprunteur ſe charge de tous les riſques, avec obligation de rendre la même quantité. L'intérêt annuel eſt donc auſſi illicite & auſſi injuſte dans un cas que dans l'autre.

CHAPITRE II.

Des différentes sortes de Créanciers.

LE Créancier est celui auquel on doit quelque chose ; ce qui lui donne une action personnelle contre son débiteur. Surquoi observons ce qui suit.

1°. Un créancier ne peut pas se mettre en possession des biens de son débiteur. Mais il peut les saisir & les faire vendre par autorité de justice, à l'effet d'être, sur les deniers en provenants, payé de son dû.

2°. Les créanciers peuvent au nom de leur débiteur, *eo etiam invito*, recueillir une succession à lui échue, en baillant caution de l'acquitter des charges.

3°. Généralement parlant, un créancier ne peut être contraint de recevoir en payement une autre chose que celle qui lui est due ; *aliud pro alio invito creditori solvi non potest.* **Dict. de Droit, V.** ***Créancier.***

Cependant cette regle souffre des exceptions.

En voici une qui est fondée sur la Jurisprudence & sur l'équité.

Quand le débiteur, n'ayant pas de quoi payer ses créanciers, leur abandonne ses biens ; si la pluralité des voix va à obliger les créanciers de recevoir en payement les effets abandonnés, pour empêcher qu'ils ne soient vendus à vil prix, & que le prix ne soit consommé par les frais de Justice : alors on oblige les créanciers qui n'ont pas voulu y donner leur consentement, à suivre la voix commune de tous les autres, & à se payer en effets, au lieu d'argent comptant.

Ordonnance de 1673, tit. 2. *art. 5 & 6.* Principes de Routier, pag. 350, nomb. III. édition de 1748.

QUESTION I.

Combien y a-t-il de sortes de créanciers?

RÉPONSE.

On distingue en général trois sortes

de créanciers ; ſavoir les chirographaires, les hypothéquaires & les privilégiés.

1°. Les créanciers chirographaires ſont ceux qui n'ont de leurs débiteurs qu'un ſimple billet ſous ſignature privée.

2°. Les créanciers hypothéquaires ſont ceux dont les obligations à eux faites ſe trouvent munies de toutes les formes néceſſaires pour emporter hypothéque, & pour être colloqués en ordre, ſuivant la date de leurs billets.

3°. Les créanciers privilégiés de quelque eſpece qu'ils ſoient d'ailleurs, ſont ceux dont on conſidere plus la cauſe, que la forme ou la date de leurs obligations.

Ainſi l'hypothéque commune ſe régle par la date de l'obligation ; la privilégiée par la faveur de la cauſe, & elle l'emporte ſur l'hypothéque commune quoiqu'antérieure. Routier *ubi ſuprà*, pag. 440.

QUESTION II.

Sur quoi s'étend le privilége de créance ?

RÉPONSE.

Ce privilége a lieu tant ſur les meubles que ſur les immeubles.

I. Quant à ce qui concerne les meubles, voici quelles ſont les dettes privilégiées, ſuivant Baſnage, *Traité des hypothéques, part. 1. chap. 9.*

1°. Les frais qui ſe font pour le ſcellé, confection d'inventaire, vente des meubles, vacations de Juſtice, & tout ce qui s'eſt fait pour la conſervation de la choſe & pour la cauſe commune de tous les créanciers.

2°. Les frais funéraux, les ſalaires des Médecins, Chirurgiens & Apothicaires qui ont traité le malade dans la maladie dont il eſt décédé; *toutes ces perſonnes ont un privilége égal.* Cependant Baſnage dit, *au Chapitre 14.*, que la dette la plus privilégiée eſt celle des frais funéraux, & qu'elle précéde toutes les autres. Mais cela peut s'entendre de toutes les autres dettes dont il ſera parlé dans la ſuite, comme le loyer des maiſons, &c. » Ce privilége, *ajoûte Baſnage*,

» a lieu au préjudice de tous créan-
» ciers personnels & hypothécaires....
» jusques là même... que l'action pour
» les frais funéraires, précéde le paye-
» ment des loyers.

Basnage *Cap.* 9, avoit déjà remarqué que le privilége des frais funéraux est plus fort & plus puissant que celui des loyers. » Mais ajoûte-t-
» il *ibid*; on doit à mon avis, faire
» différence entre les frais des obse-
» ques & les habits de deuil; ceux-
» ci n'ont pas la même faveur : l'hé-
» ritier est tenu de faire le deuil à ses
» frais; & ils ne doivent pas tomber
» sur le propriétaire de la maison ha-
» bitée par le défunt. Mais pour les
» frais des obseques ils l'emportent sur
» tout autre privilége «.

3°. Le propriétaire est ensuite préféré pour les loyers de la maison que le défunt occupoit. Ce privilége a toûjours lieu indistinctement contre toutes sortes de personnes. Ce qui s'entend non-seulement pour les loyers, mais aussi pour tout ce qui peut être demandé en conséquence du bail, comme les detériorations & réparations. Or, pour acquerir ce privilége, il n'est pas nécessaire que le propriétaire ait un bail en forme ; il suffit que l'occupation soit constante. Cependant, pour en venir à l'exécution, il faut que le bail soit rendu authentique, ou bien obtenir un mandement du Juge, portant permission de saisir.

On demande 1°. ce qu'il faudroit juger dans le cas où le locataire auroit transporté ses meubles dans une autre maison ou sur une autre ferme. Le privilége du premier propriétaire cesseroit-il d'avoir lieu, & le second lui seroit-il préféré ?

Rép. On doit, *dit Basnage*, considérer de quelle maniere les meubles ont été transportés. Car si le locataire ou fermier les avoit enlevés furtivement & à l'insu du propriétaire ; & que, quand le propriétaire en auroit eu connoissance, il les eût réclamés, & se fût plaint de cet enlevement : on ne lui en pourroit empêcher la restitution ou la préférence sur le prix d'iceux.

Si au contraire le propriétaire avoit

souffert, sans se plaindre, ce transport de meubles, quoiqu'il ne l'eût pas ignoré, ou qu'il n'eût pas fait ses diligences pour s'en ressaisir; son silence feroit présumer qu'il auroit renoncé à son privilége.

On demande 2°. *quid juris*, lorsqu'un fermier, jouissant de deux fermes, appartenantes à deux différents particuliers engrange confusément dans un même lieu tous les fruits des deux fermes ? le propriétaire du lieu où les fruits ont été serrés, aura-t-il, pour tous ses fermages, la préférence sur l'autre propriétaire ?

Rép. Basnage estime que cela ne seroit pas raisonnable. Car, *ajoûte-t-il*, quoique par la confusion & le mélange que le fermier a fait de tout le provenu des deux fermes, il soit impossible de séparer les fruits ; on peut néanmoins savoir à peu près le nombre & la quantité des fruits que l'on a recueillis. Ainsi chaque propriétaire en doit avoir à proportion de ce qui lui est dû ; & tout l'avantage que doit obtenir celui qui est saisi, c'est d'être payé en privilége des loyers qui pourroient être dus pour l'occupation des greniers, des granges & des autres bâtimens où les fruits auroient été engrangés & serrés.

Par la même raison, si un fermier prenoit à loyer une grange hors sa ferme, le propriétaire ne perdroit point son privilége ; & le maître de la grange ne pourroit avoir à son préjudice que les loyers d'icelle. Basnage, *ibid.*

3°. Les hôteliers ont un privilége sur les hardes, chevaux & équipages de leurs hôtes pour la dépense faite dans leurs maisons. Les serviteurs de labourage sont privilégiés sur les fruits provenus de leur travail pour les services de l'année. Principes de Routier, pag. 441, nomb. VIII.

4°. En général, les salaires des serviteurs sont pris en privilége sur le prix des meubles laissés par le défunt. V. Pesnelle, *sur l'art.* 593. *de la Cout.*

5°. Le Marchand a privilége sur la chose par lui vendue sans jour ni terme, en quelque main qu'elle soit transportée ; & s'il a donné terme, il a le privilége sur la chose par lui vendue qui est entre les mains de l'acheteur, quoique mise en œuvre. Routier *ubi suprà*, nomb. IX.

Au reste, cela dépend en grande partie des circonstances, comme on le voit dans les deux Arrêts que nous allons citer.

Le premier est du 19 Novembre 1669. En voici l'espece. Chedeville, mercier-grossier à Rouen, avoit vendu des draps à crédit, dont l'acheteur avoit fait faire un lit & des chaises. Les meubles de cet acheteur ayant été saisis par les créanciers, Chedeville demanda la préférence sur les deniers provenants de la vente du lit & des chaises, comme étant faits du drap qu'il avoit vendu; ce qui lui fut contesté par les autres créanciers qui soutenoient que son privilége avoit cessé par le changement de la forme du drap. Mrs. des Requêtes ayant débouté Chedeville de son privilége; sur son appel, la Cour en réformant la Sentence, ordonna qu'il seroit payé en privilége sur les deniers provenants de la vente du lit & des chaises, en déduisant néanmoins la plus-valeur des franges & des bois.

Mais le contraire avoit été jugé par un Arrêt du même Parlement, qui fut rendu le 16 Mai 1664, dans le cas suivant. Deux marchands de la Ville de Mantes, ayant fait saisir le vin qu'ils avoient vendu à un cabaretier, le propriétaire de la maison où le vin avoit été saisi, demanda d'être préféré pour les loyers ; ce qui fut accordé par l'Arrêt. *Les marchands*, dit Basnage, *avoient vendu leur vin argent comptant* ; mais en recevant une partie de leur argent, ils avoient pris une obligation pour le reste, *& sic fidem habuerant de pretio*. Traité des Hypothéques, *Part. 1. Chap. 14.*

II. Quant aux immeubles, voici les principales dettes privilégiées, selon Routier & les Auteurs qu'il cite *pag.* 442, *&c.*

1°. Les immeubles aliénés à titre de vente, d'échange, de bail à rente, & autres titres translatifs de propriété, sont de plein droit & sans stipulation, affectés par privilége aux conventions & conditions du contrat, tant en principal qu'en intérêts.

2°. Le vendeur qui n'a reçu qu'une

partie du prix de ſon contrat de vente, ſera préféré pour le reſtant ſur la totalité de l'héritage.

3°. Celui qui a fourni les deniers dont un héritage a été acquis, aura un privilége ſur cet héritage, pourvu que trois choſes concourent ; ſavoir la deſtination des deniers, la ſtipulation de l'hypothéque privilégiée, & la preuve de l'emploi conformément à la deſtination.

4°. Les architectes, maçons, charpentiers, & autres ouvriers ont une hypothéque tacite & légale ſur la maiſon qu'ils ont bâtie, ſur le vaiſſeau ou bateau qu'ils ont conſtruit, pour leur fourniſſement & ſalaire.

5°. Ceux qui ont prêté leurs deniers pour les employer à la conſtruction, réédification ou réparation d'une maiſon, d'un vaiſſeau ou d'un bateau, ont un privilége ſur le prix de ladite maiſon, vaiſſeau ou bateau ; & ils ont ce privilége au préjudice même des architectes, maçons, charpentiers, &c. lorsqu'ils ont ſtipulé une ſubrogation aux droits des ouvriers.

On demande 3°. comment ſe regle

la concurrence entre les créanciers.

Rép. Suivant l'article 593 de notre Coutume, *en discussion de biens meubles, les deniers seront distribués aux créanciers, selon l'ordre de priorité & de postériorité; & le premier arrêtant aura les dépens de ses diligences, premier & audevant des créanciers.*

Il en est de même dans le cas de la vente des immeubles, comme on le voit par l'article 97.

Ainsi 1°. On ne reconnoît point en Normandie le cas de déconfiture qui a lieu, selon l'art. 180 de la Coutume de Paris, *quand les biens du débiteur, tant meubles qu'immeubles, ne suffisent point aux créanciers apparents.* Dans ce cas, les créanciers viennent en contribution au sou la livre, ou *proratâ debiti*, sur le prix des meubles. Mais en Normandie, les deniers provenants tant de la vente des meubles que de l'adjudication des immeubles, se distribuent entre les créanciers de la même maniere; savoir entre les privilégiés, suivant la qualité de leur privilége : & entre les hypothécaires, suivant l'ordre de priorité ou de postériorité du temps des obligations. En un mot, les premiers en privilége ou en hypothéque, emportent d'abord ce qui leur est dû, & *ne viennent point en contribution au sou la livre.*

2°. Les hypothéques communes ou non privilégiées n'ont priorité ou préférence qu'à raison du temps. C'est une regle générale que le plus ancien créancier est préféré à ceux qui ont contracté depuis lui; *Qui prior est tempore, potior est jure.* Et, comme l'observe Basnage, on ne dit pas, *qui prior est die*, mais *qui prior est tempore*; parce qu'il y a préférence non-seulement de jour, mais aussi d'heure & de moment, lorsque ces divers temps sont marqués par les contrats. C'est pourquoi l'Ordonnance de Blois enjoint aux Notaires & aux Sergents de marquer dans les contrats & les exploits, le temps de devant ou après midi.

3°. Si les contrats sont d'un même jour, sans expression d'heure; les créanciers viennent pour lors en contribution au sou la livre, comme étant d'un même titre. Il en eſt de même, lorſque les créanciers ſont également privilégiés.

4°. La contribution ou concurrence au ſou la livre, a encore lieu entre les créanciers purement chirographaires. Car, leurs contrats n'ayant point de date authentique ; on les conſidere comme étant faits du même temps. » En France, *dit Baſnage*, (*a*) toutes » promeſſes & contrats ſous ſignature privée, quoiqu'approuvés par pluſieurs témoins, n'emportent aucune hypothéque, que du jour de la reconnoiſſance faite en jugement ou devant Notaires, pour éviter les fraudes & les ſuppoſitions que l'on pourroit faire par des antidates.

5°. Le créancier qui arrête ou ſaiſit le premier les meubles du débiteur, n'a par la ſaiſie d'autre préférence que d'être payé avant tous, des frais & dépens de ſes diligences. Art. 593 *de notre Coutume*.

On demande 4°. ſi un créancier peut

(*a*) Traité des hypothéques, Part. 1. Chap. 12.

quelquefois légitimement ſe faire payer avant les créanciers antérieurs en hypothéque ou en privilége.

Rép. Voici ce que remarque Baſnage dans ſon Traité *des Hypothéques*, Chap. 9. de la premiere partie. » Le » créancier qui, de bonne foi & ſans » fraude, a pris des meubles en paie- » ment, avant qu'il en eût été fait » aucune ſaiſie, ne peut point être » recherché par les créanciers antérieurs. » La raiſon eſt que *vigilantibus jura* » *ſubveniunt*.

Il ne faut pas néanmoins, *ajoute Baſnage*, que les meubles, marchandiſes ou effets euſſent été ſaiſis, ou que le débiteur eût fait banqueroute, ou qu'il fût à la veille & dans le deſſein de la faire. Car en ce cas, tout doit être rapporté à la maſſe. Dès le moment qu'un débiteur ſe reconnoît dans l'impuiſſance d'acquitter ſes dettes, & qu'il prémédite ſa fuite & ſa banqueroute, il eſt ſenſé banqueroutier ſans pouvoir diſpoſer de ſes effets en faveur de quelques-uns de ſes créanciers au préjudice des autres.

Si toutefois le créancier avoit reçu le paiement de sa dette, lorsqu'il n'y avoit encore aucun soupçon de banqueroute, & qu'au contraire le débiteur paroissoit encore sur la bourse; il ne pourroit être recherché par les autres créanciers. Ce qui, *ajoute Basnage*, fut jugé de la sorte pour un marchand pour lequel je plaidois. Il avoit été payé le soir précédent de la faillite. Mais le lendemain matin, le marchand [Banqueroutier] avoit encore paru sur la bourse; & il ne s'étoit absenté que l'après midi.

Cette question renferme bien d'autres difficultés que l'on peut voir dans les Théologiens, & sur-tout dans les Conférences de Paris, *sur l'usure & la restitution.*

On demande 5°. comment il peut y avoir hypothéque sur les meubles; puisque les meubles n'ont point de suite par hypothéque?

Rép. Quoique les meubles, *dit Pesnelle*, (*a*) n'aient point de suite par hypothéque; c'est-à-dire que les créan-

(*a*) Sur l'Art. 593 de la Coutume.

ciers

ciers ne les puissent saisir, quand le débiteur à qui ils appartenoient, les a mis hors de ses mains : néanmoins, quand ils sont vendus par Justice, les deniers du prix sont distribués aux créanciers, suivant l'ordre hypothécaire. Ainsi on peut avoir hypothéque sur les meubles, tant qu'ils demeurent en la possession du débiteur. En effet, l'hypothéque n'est autre chose qu'un engagement des biens appartenants à un débiteur, fait sans transport ni tradition, pour la sûreté de l'obligation dont il est tenu. Or rien n'empêche que les meubles, aussi bien que des immeubles, ne puissent être engagés de la sorte. Mais comme dit Basnage, *quoique toutes sortes de biens soient susceptibles d'hypothéque, ils n'ont pas tous néanmoins suite par hypothéque.*

CHAPITRE III.

Des Actions qui naissent du quasi-contrat.

I. ON appelle quasi-contrat un fait permis par la loi qui oblige une personne envers une autre, ou une autre personne envers elle, sans qu'il intervienne aucune convention entre les deux.

II. L'action que donne le quasi-contrat, n'est pas moins rigoureuse que celle qui provient du contrat, comme on va le voir dans la réponse au cas suivant.

CAS. Guillaume ayant fait faire une réparation urgente en la maison de Charles, qui étoit absent ; cette maison a été brûlée quelque temps après, avant le retour de Charles. Celui-ci est-il tenu de rembourser Guillaume de ses frais ?

RÉP. La gestion des affaires d'un homme absent, dont on n'a reçu ni ordre ni commiſſion, eſt ce qu'on appelle quaſi-contrat *negotiorum geſtorum*. Ce droit fut établi par Juſtinien pour l'utilité publique, de peur que les affaires de ceux qui ſe trouvoient abſents, ne demeuraſſent dans l'abandon. Perſonne, en effet, ne voudroit s'en charger, s'il n'avoit action pour ſe faire rembourſer des dépenſes utiles & néceſſaires. *Inſt. de obligationibus, quæ quaſi ex contractu naſcuntur.* Le *negotiorum geſtor* eſt donc en droit d'exiger ce rembourſement.

Mais de même que celui qui a géré utilement les affaires d'autrui; a droit de ſe faire rembourſer de ſes frais : de même celui pour lequel il a géré, a droit de lui faire rendre compte de ſa geſtion. » Ce compte, *dit Argou*, » (*a*) s'exige rigoureuſement, & la » moindre faute y eſt relevée, pour » empêcher les gens de s'immiſcer té» mérairement dans les affaires d'autrui. Il faut donc que le *negotiorum geſtor* prouve que ce qu'il a fait, étoit né-

(*a*) Inſtit, au Droit François, Liv. 3. Cap. 36.

ceſſaire ou du moins utile pour les affaires de l'abſent.

Mais cette utilité, comme ajoute M. Argou, doit être conſidérée dans ſon principe, & non point par l'événement. Par exemple, l'adminiſtrateur fait faire les réparations néceſſaires dans un moulin de grand revenu. Peu de temps après, ce moulin eſt détruit par une inondation extraordinaire, l'adminiſtrateur doit être rembourſé des frais qu'il a faits; parce que ſa geſtion étoit utile dans ſon principe, quoiqu'elle ne le ſoit plus par l'événement.

Il en eſt de même de la maiſon réparée par Guillaume. L'incendie, auquel on ſuppoſe qu'il n'a eu aucune part, eſt à ſon égard un cas fortuit, dont il ne doit pas répondre; mais qui tombe uniquement ſur le maître de la choſe qui périt; *res perit Domino.* S'il y avoit quelque choſe de trop fort dans la dépenſe, il faudroit en faire la déduction. Mais s'il n'y a rien qui ne fût néceſſaire ou utile, Charles eſt tenu en conſcience, & même *ante Sententiam Ju-*

dicis, de rendre à Guillaume tous les frais déboursés.

Il en seroit autrement, dit M. Pothier, (*a*) si les réparations que quelqu'un a fait faire pour moi, en mon absence, à une mauvaise maison qui m'appartenoit, quoique nécessaires pour en prevenir la ruine, étoient si coûteuses; que si j'eusse été sur les lieux, j'eusse mieux aimé laisser tomber la maison que de m'engager dans cette dépense..... Cela doit sur-tout avoir lieu, lorsque celui qui a fait pour moi une affaire sans mon ordre, a été à portée de me consulter avant que de la faire..... Mais s'il n'a pas été à portée de me consulter, je ne dois pas être si facilement écouté à dire, après la mauvaise réussite de l'affaire, que je n'aurois pas voulu m'y engager. Il suffit en ce cas, pour que je sois tenu des frais de la gestion, que le bien de mes affaires ait paru exiger qu'on fit pour moi cette affaire.

III. L'acceptation que l'héritier

(*a*) Traité du quasi-contrat *négotiorum gestorum*, nomb. 222.

fait d'une ſucceſſion, eſt un quaſi-contrat vis-à-vis des légataires & autres créanciers du défunt auquel on ſuccéde. Mais nous avons parlé ailleurs de l'obligation des héritiers.

IV. L'acceptation de l'office de tuteur, eſt encore un quaſi-contrat à l'égard des mineurs, dont on eſt chargé. Nous parlerons 1°. de la tutelle en général; 2°. de la nomination du tuteur, 3°. de ſon adminiſtration; 4°. du compte qu'il doit rendre.

ARTICLE PREMIER.

De la Tutelle en général.

TOUTES les tutelles ſont datives & électives en France, hors en quelques Coutumes, comme en celle de Normandie, où il y a des tutelles naturelles & légitimes en faveur du pere, de l'aïeul, & du frere aîné ſeulement. Cependant le frere n'eſt tuteur que par proviſion, & juſqu'à ce que les parents aient nommé un autre tuteur d'office.

QUESTION I.

En quoi conſiſte l'autorité des tuteurs ?

RÉPONSE.

Les tuteurs ont puiſſance & autorité ſur la perſonne & les biens de leurs pupilles. Ils doivent veiller ſur leur conduite, prendre ſoin de leur éducation ; & il leur eſt défendu de consentir à leur mariage sans l'avis & consentement des plus proches parents des mineurs.

On demande 1°. si le tuteur est obligé de faire des aumônes sur les biens de son pupille ?

Rép. C'est une maxime certaine qu'on ne peut ni doit faire l'aumône que de ses propres biens. *Ex substantiâ tuâ fac eleemosinam*, disoit Tobie à son fils. Tob. 4. 7. *Facienda est eleemosina de bonis propriis & aliàs non debitis*, comme s'expriment les Théologiens. Delà il résulte qu'on ne peut faire l'aumône du bien d'autrui, à moins qu'on n'y soit autorisé ou par le consentement du propriétaire, ou par une disposition expresse de la loi.

Cela suffit pour prouver que le tuteur ne doit ni même ne peut faire des aumônes sur le bien de son mineur. Car 1°. le mineur est incapable d'y donner son consentement. 2°. la loi n'autorise point le tuteur à faire les aumônes dont il s'agit. Au contraire, si le tuteur chargeoit la dépense de l'article des aumônes qu'il auroit faites pour son pupille, le tuteur en repondroit en ſon propre & privé nom ; & ces aumônes ne lui ſeroient point paſſées en compte.

Concluons que le tuteur n'eſt point du tout autoriſé à faire les aumônes en queſtion ; & que par conſéquent il n'y eſt point obligé.

Cependant il eſt permis au tuteur de donner à ſon pupille une ſomme convenable pour ſes menus plaiſirs. Ainſi, pour accoutumer ce jeune homme à être charitable envers les pauvres, le tuteur pourroit & devroit l'engager doucement à faire l'aumône ſur cette même ſomme ; & comme elle ſera paſſée en compte au tuteur, cela leve toute difficulté.

On demande 2°. ce que peut faire le tuteur à l'égard des biens de ſon pupille.

Rép. 1°. Le tuteur peut & doit faire tous actes d'adminiſtration par rapport aux biens de ſes mineurs. Il doit faire vendre les meubles périſſables, pour en employer le prix en rentes ou héritages, ou au payement de leurs dettes. *Ordonnance d'Orléans, art.* 102.

2°. Le tuteur ne peut vendre les immeubles de ses mineurs, que pour cause nécessaire & urgente, ou évidente utilité, par l'avis des parents qui sera par eux donné en la présence du Juge ; lequel avis, après avoir été communiqué au Procureur du Roi, sera suivi d'une Sentence qui ordonnera l'aliénation desdits immeubles, proclamations bien & duement faites par trois dimanches consécutifs, à l'issue de la Messe Paroissiale de la situation des héritages, des trois paroisses voisines, & à la Jurisdiction de leur situation, & affiches mises & attachées aux portes de l'Eglise, dans lesquelles affiches seront désignés lesdits héritages par tenants & aboutissants ; le prix, si aucun a été offert ; le jour & heure que s'en fera l'adjudication ; & lesdites proclamations rapportées en justice six semaines après, se fera l'adjudication. Enfin l'adjudication ainsi faite, ne se pourra le mineur faire restituer, sinon pour les causes qui donnent lieu aux majeurs de le faire. Principes de Routier, *pag.* 39, *nomb.* *XV* & *XVI*, *édition de* 1748.

QUESTION II.

En quoi le tuteur differe-t-il du curateur ?

RÉPONSE.

La principale différence consiste en ce que le tuteur a pouvoir & autorité non-seulement sur les biens, mais sur la personne de ceux dont on lui confie la tutelle. Au lieu que le curateur n'a point de pouvoir sur la personne (*a*) mais uniquement sur l'administration des biens de ceux dont on l'a établi curateur.

On donne des tuteurs aux pupilles, & des curateurs aux mineurs émancipés, aux furieux, aux insensés, aux prodigues, aux interdits.

(*a*) Le *curateur n'a point de pouvoir sur la personne*; excepté pour le mariage du mineur émancipé.

ARTICLE II.

De la nomination du Tuteur.

QUESTION I.

Qui ſont ceux que l'on peut, ou qu'on ne peut pas nommer tuteurs?

RÉPONSE.

LEs tuteurs doivent être choiſis parmi les plus proches parents du pupille, tant paternels que maternels. Mais il y a difficulté, 1°. pour les Eccléſiaſtiques; 2°. pour les Officiers des Cours Souveraines; 3°. pour tous les parents qui peuvent avoir une juſte cauſe d'exemption.

I. Quant aux Eccléſiaſtiques, S. Cyprien, dans un Concile, défendit, que perſonne, par ſon teſtament, ne nommât un clerc pour tuteur ou curateur.

Mais le Concile de Calcédoine modifia la rigueur de cette discipline. Le 3e. Canon de Calcédoine défend aux Clercs & aux Moines de prendre la recette ou l'intendance des biens des laïques ; & il leur permet néanmoins de prendre soin des affaires des orphelins, des veuves & des autres affligés, lorsque les loix y obligent ou que l'Evêque les en charge. *Decernit magna & sancta synodus neminem (sive Episcopum, sive Clericum aut Monachum)... misceri sæcularibus procurationibus, nisi fortè qui legibus ad minorum ætatum tutelas sive curationes inexcusabiles attrahuntur*, &c.

Suivant la Jurisprudence de cette Province, on fait distinction entre les Ecclésiastiques, même Prêtres. Voici ce qu'en dit Pesnelle, d'après Basnage, *sur l'art. 5 de notre Coutume.* » Les Prêtres qui n'ont point de Bénéfice à charge d'âmes, peuvent être » institués tuteurs ; & le privilége de » la Cléricature ne les exempte pas : » ce qui a été jugé par un Arrêt » donné à l'Audience de la Grand'- » Chambre le 24 Janvier 1662, rapporté par Basnage.

II. Les Officiers du Parlement, » *continue Pesnelle*, n'ont point de » privilége, qui les exempte de la charge des tutelles. *Au contraire* les Officiers de la Chambre des Comptes ont ce privilége.

III. Pour ce qui est des parents en général, la distance du domicile est une raison valable, pour empêcher qu'un parent ne soit élu tuteur ; pourvu que cette distance soit telle qu'elle mît le tuteur dans la nécessité de faire de grands frais dans son administration. Pesnelle, *ubi suprà*.

QUESTION II.

Que faut-il entendre par l'action de condescente, en matiere de tutelle ?

RÉPONSE.

1°. Cette action, ajoute Pesnelle, *ibid.*, consiste au droit qu'a un tuteur nommé par les parents, de se décharger de la gestion de la tutelle sur un parent plus proche ou plus habile à succéder.

2°. Voici ce que remarque Routier dans ſes principes de Droit Civil, *pag.* 37, *nomb. XV.* édition de 1748. » L'action en condeſcente a lieu en » Normandie ; & celui qui a été élu, » peut en nommer un autre, plus proche » parent, pour gérer en ſa place ; & » celui-ci pourra ſe décharger de la » tutelle ſur l'héritier préſomptif du » mineur. Mais ceux qui peuvent ſuc- » céder également, ne peuvent ſe dé- » charger de la tutelle les uns ſur les » autres, mais ſeulement ſur celui qui » attend la plus grande part en la ſuc- » ceſſion. Arrêt du premier de Juin » 1728. Un parent a été déchargé de » l'action en condeſcente, à cauſe de » l'éloignement de ſa demeure, quoi- » qu'il fût plus proche parent & héri- » tier du mineur, & que la plupart » de ſes biens fuſſent dans le voiſi- » nage de ceux du mineur «.

QUESTION III.

Qui ſont ceux que l'on doit exclure de la tutelle ?

RÉPONSE.

Voici ce que dit Routier *ibid. pag.* 37,

nomb. XIII. » Il n'y a que ceux » qui ont été appellés à la tutelle, » qui puissent être nommés tuteurs; » ceux qui ont fait cession de biens, » ou qui ont été décrétés, sont exclus » de ladite élection ». Il en est de même pour tous ceux qui ne pourroient bien gérer les affaires du mineur, par défaut de moyens, d'intelligence ou autrement.

QUESTION IV.

Sur qui tombe l'obligation de faire élire un tuteur?

RÉPONSE.

Cette question est décidée par le Réglement de la Cour fait le 7 Mars 1673, les Chambres assemblées, sur le fait des tutelles. Voici ce que porte l'Article V. » Après la mort du pere » des mineurs, la mere ou l'aïeule » d'iceux sera tenue de faire assem» bler les parents pour procéder à la » nomination d'un tuteur, dans trois » mois du jour que la mort du pere » aura été communément sue, à peine

» de répondre par elle de la perte » que lesdits mineurs pourroient souf- » frir ».

L'Article VI. du même Réglement ajoûte : » Si la mere ou aïeule » desdits mineurs sont décédées, le » plus proche parent d'iceux doit faire » procéder à ladite nomination dans » le même temps, & sur la même » peine portée en l'Article précédent.

On demande 1. s'il on peut obliger la mere & l'aïeule d'accepter la tutelle.

Rép. L'Article VII. du même Réglement porte que *la mere & aïeule ne peuvent être contraintes d'accepter la tutelle de leurs enfants & petits enfants. Et néanmoins*, ajoute l'Article *VIII, au cas que ladite mere & aïeule ne soient remariées, ayant fait assembler les parents, seront préférées en ladite tutelle, aux autres parents, en baillant par elles bonne & suffisante caution de l'administration d'icelle, & d'en payer le reliquat.*

On demande 2°. si la mere & l'aïeule ayant accepté la tutelle, peuvent s'en démettre.

Rép. Suivant l'Article IX. dudit Réglement, » la mere & aïeule pour-» ront se démettre de la tutelle toutes » fois & quantes, & demander qu'il » soit procédé par les parents à l'élec-» tion d'un autre tuteur ; & se fera, » audit cas, l'assemblée des parents & » élection de tuteur, aux frais de la-» dite mere ou aïeule, & non du » mineur.

On demande 3°. *quid juris*, quand la femme tutrice vient à se remarier.

Rép. 1°. *Quand la femme tutrice se remarie, les parents la peuvent faire destituer de la tutelle ; & son mari peut aussi faire procéder à nouvelle élection de tuteur.* Art. X. du Réglement sur les tutelles.

2°. *Néanmoins le mari, s'il n'est séparé d'avec sa femme ; ou la femme, si elle n'est séparée d'avec lui, sont obligés de continuer la gestion de ladite tutelle, jusqu'à ce que les parents aient élu un autre tuteur, en leur lieu & place, sans qu'il soit besoin qu'ils y soient autorisés par Justice.* Art. XI. du même Réglement.

On demande 4°. quels sont les

parents qui ont droit d'élire un tuteur, & en quel nombre ils doivent être pour faire cette élection.

Rép. 1°. Selon l'art. XII. dudit Réglement, *la mere & l'aïeule du mineur peuvent être présentes à l'élection du tuteur, sans qu'elles y puissent avoir voix délibérative.*

2°. Suivant l'art. XIII., *ladite élection doit être faite par six parents paternels du mineur, & six maternels, si tant s'en trouve.*

3°. *Et néanmoins*, ajoute l'article XIV. pour diverses considérations, le nombre desdits parents pourra être augmenté. On trouve plusieurs autres questions résolues par le même Réglement qui est à la fin de la Coutume.

On demande 5°. si l'on peut être plusieurs tuteurs pour la même tutelle ?

Rép. Voici ce que porte l'article 17 du Réglement : *On ne peut instituer qu'un tuteur aux mineurs, si leurs biens ne sont situés en telle distance qu'ils ne puissent facilement & sans beaucoup de frais*, être administrés par un même tuteur.

Cependant on peut élire un tuteur actionnaire pour la pourſuite des affaires, & un tuteur conſulaire pour le conſeil.

QUESTION V.

Le tuteur peut-il être deſtitué, & pour quelles cauſes?

RÉPONSE.

Voici ce que dit Baſnage *ſur l'art. 5 de notre Coutume.* » La deſtitution » du tuteur peut être demandée par » les parents nominateurs, s'ils crai- » gnent qu'il ne ſoit ou qu'il ne de- » vienne inſolvable ; ou ils peuvent » l'obliger à bailler caution, en cas » qu'ils prouvent qu'il en a mal uſé.

ARTICLE III.

De l'adminiſtration du Tuteur.

QUESTION I.

L'Adminiſtration du tuteur eſt-elle indépendante des parents qui l'ont nommé ?

RÉPONSE.

Au contraire, cette adminiſtration eſt ſubordonnée à la diſpoſition des parents nominateurs, tant pour la perſonne du mineur que pour ſes biens.

I. Quant à la perſonne du mineur, *les parents peuvent, lors & depuis la nomination du tuteur, arbitrer la penſion & entretien du mineur, & l'augmenter de temps en temps, s'il y échet.* Art. 31 du Réglement *ſur les tutelles.* Et ſuivant l'article 29, *les parents peuvent, lors de l'élection du tuteur, choisir le lieu & la personne qu'ils jugeront à propos pour l'éducation du mineur; lesquels ils peuvent aussi changer pendant la suite de la tutelle, s'ils avisent que bien soit.*

II. Pour les biens du mineur, voici ce que porte l'article 32 du même Réglement : » Lors de l'insti-» tution de tutelle, les nominateurs » pourront choisir deux ou trois pa-» rents, des Avocats ou autres per-» sonnes, par l'avis desquels le tuteur » sera tenu de se conduire aux affaires » ordinaires de la tutelle, sans néan-» moins qu'ils puissent délibérer & ré-» soudre du lieu de la demeure, édu-» cation ou mariage des mineurs, qu'en » la présence desdits parents nomina-» teurs «.

Mais *quid juris*, lorsque les parents n'ont point arbitré la pension du mineur ? Quelle régle doit suivre le tuteur ?

Rép. Dans la régle générale, le tuteur ne peut faire dépenser à son mineur au-delà du revenu du bien de ce mineur, si ce n'est qu'il y fût autorisé par l'avis des parents, homologué en Justice. Principes de Routier, pag. 39, nomb. XXVIII, édition de 1748.

QUESTION II.

Que faut-il observer plus particuliérement sur l'administration du tuteur ?

RÉPONSE.

Il y a sur cette administration plusieurs articles dans le Réglement des tutelles. *Art.* 42. » Le tuteur sera » tenu de faire payer les deniers provenants de la vente des meubles du » défunt, & tous les autres deniers » dus lors de son décès, dans les six » mois du jour que les termes des » payements seront échus, & dans les » autres six mois *d'en* faire le remploi.

Art. 43. » Il sera aussi tenu de » faire le remploi, dans le même temps » de six mois, de l'argent comptant » trouvé lors dudit décès, des deniers » provenants du rachat des rentes, » ventes d'héritages, & offices appar- » tenants au mineur.

Art. 44. » Si le tuteur n'a pu faire » sortir le payement des obligations & » autres dettes mobiliaires, dans ledit » temps, il sera déchargé du remploi » d'icelles, en justifiant de diligences » valables.

Art. 45. » Et au regard des arré- » rages des rentes, loyers de maisons, » & fermages d'héritages, il ne sera » tenu de les exiger ni d'en faire le » remploi que dix-huit mois après que les » termes des payements en seront échus.

Art. 46. Le tuteur pourra en outre retenir en ses mains une demie année entiere du revenu annuel du mineur, pour l'employer aux affaires d'icelui, sans qu'il soit tenu d'en faire aucun intérêt.

Il faut voir les autres articles du même Réglement.

Mais *quid juris* après la mort du tuteur ? ses héritiers sont-ils chargés de la tutelle ?

Rép. » Les héritiers du tuteur sont » obligés de faire procéder à l'élection » d'un nouveau tuteur ; & jusqu'à ce » qu'il ait été nommé, doivent conti- » nuer l'administration de la tutelle «. *Art.* 57. du Réglement *sur les tutelles.*

ART.

ARTICLE IV.

Du compte que doit rendre le Tuteur.

On demande 1°. quand le tuteur doit rendre compte ?

Rep. 1°. Suivant l'article 26 dudit Réglement, *les nominateurs peuvent employer, pour condition de l'élection, qui sera par eux faite, que le tuteur rendra compte en abrégé, dans le temps qu'ils jugeront à propos, qui ne pourra être moindre que d'un an après ladite élection, & ensuite de trois ans en trois ans après le premier compte.*

2°. Pour ce qui est du dernier compte, la tutelle finit en Normandie, lorsque les mineurs ont atteint l'âge de vingt ans accomplis. Or, selon l'article 58 du même Réglement, *la tutelle* étant *finie, le tuteur est obligé de rendre incessamment son compte, & n'est point déchargé des intérêts pupillaires jusqu'à ce qu'il l'ait présenté.* L'article 59 ajoute que *depuis la présentation du compte & piéces justificatives d'icelui, & pendant l'examen d'icelui, le tuteur ne sera tenu de payer ledit intérêt qu'au denier vingt-cinq, & non aux intérêts pupillaires.* Voyez encore les art. 60, 61 & 62.

On demande 2°. aux frais de qui se doit faire l'examen du compte.

Rép. Cela peut se faire sans frais en présence du pupille & des parents. Mais s'il y a des frais pour les Avocats, Procureurs ou autres commissaires, c'est aux dépens du pupille. Art. 64. du Réglement. & selon l'art. 63, » les frais de l'examen du compte » doivent être avancés par le tuteur; » & se fera néanmoins ledit examen » aux dépens du pupille.

» Mais, *ajoute l'article 65*, les instances qui naîtront dudit compte, » étant renvoyées & réglées en l'audience ou par rapport, il sera en » l'arbitration du Juge, d'ordonner des » dépens d'icelles, ainsi qu'il appartiendra.

On demande 3°. en quoi consistent les intérêts pupillaires dus par le tuteur.

Rép. Suivant l'art. 48 dudit Réglement, *les intérêts provenants des deniers* du mineur, *seront joints aux sommes desquelles le tuteur se trouvera redevable, de cinq ans en cinq ans, dont du tout il sera l'intérêt au denier vingt.*

On demande 4°. quels sont les droits du tuteur dans la reddition de compte.

Rép. Selon l'art. 67 du même Réglement, » sera alloué au tuteur » pour l'article général de ses vaca- » tions, la somme de cinquante livres » à raison de mille livres du revenu » annuel du pupille, sans faire déduc- » tion de ses dettes. Et comme ajoute » l'article 68, pourra néanmoins la- » dite somme être augmentée ou di- » minuée suivant la facilité ou diffi- » culté de l'administration. Outre ledit » article général, *continue l'article* 69, » seront alloués au tuteur les voyages & » autres frais qu'il aura utilement faits. » Enfin, selon l'article 70, le tuteur » sera payé de l'intérêt au denier vingt » des sommes qu'il aura été obligé » d'avancer pour son mineur « ; ce que le tuteur ne peut cependant exiger ni recevoir en conscience, à moins qu'il ne se trouve dans le cas du dommage naissant ou du gain cessant, ainsi que tout autre prêteur.

CHAPITRE IV.

Des Actions fondées sur la Loi ou sur la Coutume.

AFin de réunir ici plusieurs titres de la Coutume de cette Province, qui ne se sont point présentés ailleurs, nous parlerons 1°. de la Prescription; 2°. des Retraits; 3°. des Donations; 4°. des Testaments.

ARTICLE PREMIER.

De la Prescription.

EN général il y a deux especes de prescriptions; savoir la prescription qui résulte de la possession, & la prescription contre les créances. Nous allons parler de l'une & de l'autre.

SECTION PREMIERE.

De la Prescription qui résulte de la possession.

I. CETTE espece de prescription est le droit qui nous fait acquerir la propriété d'une chose, par la possession paisible & non interrompue que nous en avons eue pendant le temps réglé par la loi.

Nous parlerons 1°. de la possession ; 2°. du titre requis pour opérer la prescription.

§ I.

De la possession requise pour la prescription.

CETTE possession, dit M. Pothier, (a) doit être une possession civile,

(a) Œuvres de M. Pothier, tom. IV. in-4°. pag. 58.

& de bonne foi. 1°. La possession, dont il s'agit, doit être une possession civile. On appelle *possession civile*, la possession de celui qui possede un bien, *animo Domini*; c'est-à-dire, comme se réputant propriétaire de ce bien. La possession de ceux qui possedent une chose *tanquam alienam*, telle qu'est celle d'un sequestre & celle des créanciers auxquels un débiteur a fait abandon de son héritage pour en jouir jusqu'à ce qu'ils soient entiérement remplis de leurs créances par les revenus; cette possession, dis-je, est une possession naturelle, qui ne peut opérer la prescription.

2°. La bonne foi, qui doit accompagner la possession, est la juste opinion qu'a le possesseur qu'il posséde son propre bien, & non le bien d'autrui. Il faut que cette bonne foi ait duré pendant tout le temps de la possession.

Mais on demande 1°. si pour être possesseur de bonne foi, il ne suffit point d'avoir possédé paisiblement & sans aucun trouble.

Rép. Cela suffit pour être présumé

possesseur de bonne foi, au for extérieur. Mais cela ne suffit point pour être réellement & au for intérieur possesseur de bonne foi. Il faut que, dans aucun moment de la possession, on n'ait jamais pensé avoir entre les mains le bien d'autrui. C'est la définition du IVe. Concile de Latran. *Unde oportet*, dit ce Concile, *ut qui præscribit, in nullâ temporis parte rei habeat conscientiam alienæ*. Cap. finali extra. De *præscript.*

On demande 2°. si l'héritier d'un usurpateur peut user de la prescription pour retenir le bien usurpé.

Rép. Non, parce que la mauvaise foi de l'usurpateur est justement imputée à son héritier qui est censé ne faire qu'une même personne avec cet usurpateur. Nous ajouterons un cas qui a été consulté en Sorbonne, avec la réponse de Messieurs les Docteurs.

CAS. Il y a environ cinquante ans que Guillaume, par plusieurs artifices & détours de chicane, se fit adjuger une piéce de terre assez considérable, qui appartenoit à Charles.

Juvenal, fils de Guillaume, étoit absent dans le temps de l'injustice & usurpation commise par son pere. Il ne revint même au pays, que sept ou huit ans après, pour recueillir sa succession. Juvenal a possédé dans une entiere bonne foi, pendant plus de quarante ans, la terre usurpée par Guillaume. Mais il arrive ensuite que Julien fils de Charles, examinant de vieux papiers, trouve un mémoire qui prouve clair comme le jour, l'usurpation commise autrefois par Guillaume. Juvenal, à qui ce mémoire est communiqué, en demeure même convaincu. Cependant il ne se croit pas obligé en conscience de restituer la terre en question aux héritiers de Charles; 1°. parce que suivant la Coutume de sa Province, *prescription de quarante ans vaut de titre en toute Justice, pour quelque chose que ce soit*; 2°. parce que le cas a été ainsi décidé par une conférence de savants Ecclésiastiques.

RÉPONSE. Le Conseil, qui a examiné avec attention le cas proposé, estime que Juvenal, dans la conviction où il est que la piéce de terre qu'il posséde, a été usurpée par Guillaume son pere, ne peut en conscience s'autoriser d'une prescription de plus de 40 années, pour retenir cette terre au préjudice des héritiers de Charles.

Tout le monde convient que la prescription est un titre très-juste, non seulement au for extérieur, mais aussi au for de la conscience. *Præscriptio*, dit le célebre Gerson, *est justa detentio rei quæ priùs fuit aliena, justa nedùm in foro contentioso, sed & conscientiæ.* Mais cette prescription, pour être juste, doit être accompagnée de quelques conditions essentielles. Une de ces conditions est la bonne Foi. *Non capiet longâ possessione, quia scit alienum esse.* Leg. 3 *ff. de acquirendâ vel amitt. possessione.*

A la vérité, les loix civiles n'insistent pas avec tant de force sur la nécessité de cette condition, que les loix canoniques. La raison est, comme Saint Thomas l'a observé, que l'objet principal des loix civiles est la paix de l'État & la tranquillité des citoyens.

A quels embarras ne seroient pas exposés les possesseurs de bonne foi, qui auroient perdu leurs titres de propriété, si les loix n'avoient défendu que ces personnes qui possédent des biens depuis un temps considérable, ne pussent être troublées dans leurs possessions ? Mais ces loix, en refusant action en justice, n'ôtent pas à un possesseur de mauvaise foi, la nécessité de restituer. Elles l'y contraindroient au contraire, si elles avoient connoissance de sa mauvaise foi. C'est en ce sens qu'on doit entendre certaines Coutumes de France, & en particulier celle dont on rapporte les termes dans l'exposé.

Toute la difficulté se réduit donc à savoir si Juvenal, dans les circonstances supposées, doit être regardé comme possesseur de bonne ou de mauvaise foi. Pour en connoître la vérité, il faut distinguer deux titres différents, en vertu desquels on peut posséder un bien ; le titre *onéreux* & le titre *gratuit*. Lorsqu'on posséde un bien à titre onéreux, par exemple, par l'achat ; la possession paisible & de bonne foi, durant le temps déterminé par la loi, suffit pour en jouir en sûreté de conscience. On n'est tenu en aucune façon des fautes de celui qui nous l'a transmis. Mais lorsqu'on posséde un bien à titre gratuit, par exemple, en qualité d'héritier, de donataire ou de légataire universel, la possession paisible ne suffit pas pour prescrire. On est tenu de la mauvaise foi de son auteur, s'il y en a. Ce sont les maximes du Droit. *Usucapere* hæres *non poterit, quod defunctus non potuit.* Leg. 11. *ff. de divers. temporal. præscript.* Dans une autre loi, *vitia possessionum à majoribus contracta perdurant, & successorem authoris sui culpâ comitatur.* Leg. *Vitiâ. Cod.* Lib. 7. tit. 32. Juvenal posséde la piéce de terre en question, à titre d'héritier de Guillaume son pere, il est tenu de ses dettes & de ses défauts. Par conséquent il est obligé, comme lui, de restituer aux héritiers de Charles, un bien qu'il connoît certainement avoir été usurpé sur eux. Délibéré en Sorbonne le 18 Juillet 1760. Signés, le Fevre, Mahieu, &c.

§ II.

Du titre requis pour la prescription.

PUisque, pour prescrire, la possession doit être de bonne foi, il faut que l'on ait eu une bonne raison de se croire possesseur légitime ; & par conséquent il faut aussi que l'on soit fondé sur un juste titre.

On appelle juste titre, un contrat ou autre acte qui est de nature à transférer la propriété ; en sorte que, lorsqu'elle n'est pas transférée, c'est par le défaut de droit en la personne qui fait la tradition, & non par le défaut du titre en vertu duquel la tradition a été faite.

En conséquence de ces notions, les contrats de vente, d'échange, les donations, les legs sont en eux-mêmes de justes titres. Au contraire un bail à loyer ou à ferme, un contrat de nantissement, un titre de séquestre, de dépôt, de précaire, &c. ne sont pas de justes titres. *Œuvres de M. Pothier, tom. IV. in-4°. pag. 598.*

QUESTION I.

Quelle eſt la diſpoſition de la Coutume de Normandie touchant la preſcription?

RÉPONSE.

Voici ce que porte l'article 521 de cette Coutume : » Preſcription de quarante ans vaut de titre en toute Juſtice, pour quelque cauſe que ce ſoit ; » pourvu que le poſſeſſeur en ait joui » paiſiblement par ledit temps, excepté » le droit de patronage des Égliſes, » appartenant tant au Roi, qu'autres «.

1°. Suivant cet article, *preſcription de quarante ans vaut de titre; c'eſt-à-dire, opere autant qu'un bon & ſuffiſant titre; tellement que l'on devient propriétaire de ce que l'on a poſſédé par un ſi long-temps.* Berault *ibi.*

En toute Juſtice, ſoit Royale ou ſubalterne. Godefroy *ibid.*

Pour quelque cauſe que ce ſoit; à moins qu'il ne fût queſtion d'une choſe impreſcriptible. Tel qu'eſt tout ce qui fait partie du domaine du Roi.

QUESTION II.

Peut-on se servir de la prescription dans le for de la conscience, lorsque, depuis le temps déterminé par la loi, on reconnoît avoir eu entre les mains le bien d'autrui?

RÉPONSE.

On peut, *tutâ conscientiâ*, user de la prescription, pourvu que l'on ait possédé ce bien dans la bonne foi pendant tout le temps requis par la loi ou la Coutume. C'est le sentiment de St. Thomas, dont voici les paroles: *dicendum est quod si quis præscribat, bonâ fide possidendo, non tenetur ad restitutionem, etiamsi sciat alienum fuisse, post præscriptionem. Quodlib. 12 quæst. 16. art. 2.*

Mais *quid juris* dans le cas suivant? Titius ayant une piéce de terre joignant la commune de sa paroisse, a empiété peu à peu sur cette commune; de sorte qu'au bout de 50 ans, sa terre se trouve augmentée de cinq ou six acres qu'il a usurpées. Peut-il en conscience se prévaloir de la possession quadragénaire pour retenir ces cinq ou six acres volées sur la commune ?

Rép. 1°. Titius ne peut en conscience se servir de la prescription de 40 ans. Car il n'a eu ni bonne foi ni titre juste ; puisqu'il s'est mis en possession par voie de fait, & que d'ailleurs il a toujours eu *conscientiam rei alienæ*.

2°. Si l'on pouvoit prouver l'origine de la possession de Titius, il ne pourroit pas même prescrire dans le for extérieur. Car, comme l'observe Berault, *sur l'art.* 521, en cas de doute, les Juges présument la bonne foi dans le possesseur. Mais si la mauvaise foi paroît, ils n'admettent point la prescription : *in dubio præsumitur bona fides : sed si appareat mala fides, præscriptio non procedit.*

OBJECTION,

Contre la prescription en général.

LA fin des loix qui ont autorisé la prescription, a été d'empêcher l'incertitude des biens ; *ne dominia rerum sint in incerto.* Or pour obtenir cette fin, il n'est pas nécessaire que la prescription transfere le domaine des biens. Il suffit qu'après un certain temps, il n'y ait plus d'action contre les possesseurs. Donc la prescription est un simple déni d'action, & non point une translation de propriété.

RÉPONSE.

Quand même cette difficulté pourroit avoir lieu contre la prescription en général, elle ne prouveroit rien contre la prescription de 40 ans établie par l'article 521 de notre Coutume. Cet article en effet porte que prescription de 40 ans vaut de titre ; ce qui signifie qu'elle *a le même effet qu'un contrat translatif de propriété, comme sont ceux de vente, d'échange & de donation.* C'est ce que dit Pesnelle, qui a grand soin d'ajouter » qu'il faut » que la possession quadragénaire soit » accompagnée de bonne foi ; c'est-à- » dire, que le possesseur ait la croyance » que sa possession est légitime. Car » s'il connoît que la chose par lui » possédée appartient à autrui, il ne » peut jamais en acquérir la propriété. » *Non debet habere conscientiam rei alienæ* «.

AUTRE OBJECTION

Sur la bonne foi requise pour la prescription.

SUIVANT le droit civil, dans la prescription de trente ou de quarante ans, il n'est requis ni titre ni bonne foi ; & la possession seule suffit. C'est ce que remarque Pesnelle immédiatement après les paroles que l'on vient de citer.

REPONSE.

La remarque de Pesnelle n'est pas assez exacte. Il falloit dire que le Droit Romain n'oblige pas le possesseur de produire son titre, ni de prouver sa bonne foi dans la prescription de trente ou de quarante ans ; mais on suppose toujours l'un & l'autre après une si longue possession. Ecoutons sur cela M. Pothier. » Il y a, *dit-il*, cette » différence entre la possession de dix » ou vingt ans, & celle de trente, » que pour la prescription de dix ou » vingt ans, il faut que le possesseur » justifie du juste titre, d'où sa pos- » session procéde, & de la bonne foi » de sa possession par le rapport du » titre. Au contraire, pour la pres- » cription de trente ans, il n'est pas » nécessaire que le possesseur produise » le titre d'où sa possession procéde. » Le seul laps du temps fait présumer » que la possession procéde d'un juste » titre, dont on a perdu la mémoire, » & dont l'acte s'est égaré, tant que » le contraire ne paroît pas...

» Il en eſt de même de la bonne foi. » Le ſeul laps du temps la fait pré- » ſumer, ſans le rapport d'aucun titre, » tant que le contraire ne paroît pas; » c'eſt-à-dire, tant que celui à qui la » preſcription eſt oppoſée, n'apporte » pas des preuves ſuffiſantes, qui éta- » bliſſent que le poſſeſſeur a eu, avant » l'accompliſſement du temps de la » preſcription, connoiſſance que l'hé- » ritage ne lui appartenoit pas «. Œu- » vres de M. Pothier, tom. IV. in-4°. *pag. 641.*

Au reſte, quoi qu'il en ſoit du Droit Romain au ſujet de la bonne foi requiſe pour preſcrire; il eſt conſtant que notre Droit François eſt entiérement conforme au Droit Canonique. Voici ce qu'obſerve encore M. Pothier, ibid. *pag. 590.*

» Par le Droit Romain, il ſuffiſoit » que le poſſeſſeur eût eu, au com- » mencement de ſa poſſeſſion, la bonne » foi, qui eſt requiſe pour la preſcrip- » tion; la connoiſſance qui lui ſurve- » noit depuis que la choſe ne lui ap- » partenoit pas, n'empêchoit pas que » la preſcription ne continuât de courir

» à son profit. Nous avons dans notre » Droit François, abandonné sur ce » point, le Droit Romain, & embrassé la disposition du Droit Canonique qui exige la bonne foi pen» dant tout le tems qui est requis pour » la prescription.

» Cette disposition du Droit Cano» nique est très-équitable, &c.

QUESTION III.

La prescription peut-elle avoir lieu *in foro conscientiæ*, en faveur de ceux qui ont possédé le bien à titre gratuit ?

RÉPONSE.

Il y a à cet égard une grande différence entre les héritiers ou autres successeurs à titre universel, & les successeurs à titre singulier.

1°. L'héritier étant censé n'être que la continuation de la personne du défunt, la possession de l'héritier n'est que la continuation de celle du défunt; & elle a par conséquent les mêmes qualités que celle du défunt. C'eſt pourquoi, ſi la poſſeſſion que le défunt avoit d'un héritage, étoit une poſſeſſion qui fût ſans titre ou de mauvaiſe foi, quoique l'héritier ſoit de bonne foi, & croie de bonne foi que l'héritage appartenoit au défunt, la poſſeſſion qu'il continuera d'avoir de cet héritage, ſera cenſée être une poſſeſſion injuſte, telle qu'étoit celle du défunt, dont elle n'eſt que la continuation; & il ne pourra l'acquérir, quelque long-temps qu'il l'ait poſſédé. Il faut dire la même choſe du donataire ou légataire de tous les biens du défunt, & de tout autre ſucceſſeur à titre univerſel.

2°. Il en eſt autrement du ſucceſſeur à titre ſingulier, tel qu'eſt un acheteur, un donataire, ou un légataire d'un certain héritage. Ainſi le vice de la poſſeſſion de l'Auteur empêche bien ſon ſucceſſeur à titre ſingulier, de joindre la poſſeſſion de l'auteur à la ſienne. Mais elle n'empêche pas ce ſucceſſeur à titre ſingulier d'acquérir, par preſcription, la choſe qu'il poſſéde de bonne foi, lorſqu'il l'aura lui-même possédée de bonne foi pendant tout le temps requis pour la prescription. Œuvres de M. Pothier, tom. IV. in-4°. *pag.* 619 *& suiv.*

SECTION II.

De la Prescription contre les créances.

LA prescription contre les créances n'est point une véritable prescription, qui transfere au possesseur le domaine de propriété. Ce n'est qu'une fin de non recevoir, & un simple déni d'action contre ceux qui ont négligé de se faire payer dans un certain temps. Nous avons dans notre Coutume plusieurs prescriptions de cette espece.

Art. 533. » Marchands, gens de métier, & autres vendeurs de marchandises & denrées en détail, comme » boulangers, patissiers, couturiers, » selliers, bouchers, boureliers, passementiers, maréchaux, cuisiniers, » rôtissiers & autres semblables, ne » peuvent faire aucune action, après

» les six mois passés, du jour de la » premiere délivrance de leurs mar- » chandises ou denrées, sinon qu'il y » eût arrêt de compte, sommation & » interpellation judiciairement faite, » cédule ou obligation *par écrit* «.

Art. 534. » Drapiers, merciers, » épiciers, orfévres, & autres mar- » chands grossiers, maçons, charpen- » tiers, couvreurs, barbiers, labou- » reurs & autres mercénaires, ne peu- » vent faire action de demande de leurs » marchandises & salaires, après un » an passé, à compter du jour de la » délivrance de leurs marchandises ou » vacation, s'il n'y a cédule, obliga- » tion, arrêt de compte par écrit ou » interpellation judiciaire «.

QUESTION I.

Peut-on en conscience se prévaloir de ces deux articles pour refuser le paiement aux personnes qui y sont dénommées ?

RÉPONSE.

On ne le peut nullement ; parce que le débiteur sachant bien qu'il doit, ne ne pourroit user de prescription, que par une mauvaise foi impardonnable. C'est pourquoi on dit communément que la prescription, dans ce cas, est le refuge des gens sans probité, *improborum præsidium.* En un mot la Coutume n'éteint pas la dette ni l'obligation de la payer. Au contraire, suivant la remarque de Pesnelle, » quoiqu'il soit dit dans ces deux articles, » que les marchands, les artisans & les » mercénaires qui y sont nommés, n'ont » point d'action après le temps défini » par la Coutume, ils peuvent néanmoins déférer le serment à ceux » qu'ils prétendent être leurs débiteurs » *ex hujus-modi causis* ; ce que les » défendeurs ne peuvent refuser... De » sorte que ces débiteurs sont condamnables, en conséquence des reconnoissances qu'ils ont faites, ou du » refus qu'ils ont fait de jurer «.

Il seroit inutile d'insister plus longtemps là-dessus. L'équité & la droiture naturelle en disent plus qu'on ne pourroit faire par de longs discours.

QUESTION II.

Peut-on, en conscience, user de la prescription, pour ne payer que les cinq dernieres années d'une rente hypothéque, quoique l'on sache bien qu'il est dû un plus grand nombre d'arrérages ?

REPONSE.

Voici ce que dit M. Pothier dans son traité du *contrat de constitution de rente, nomb. 133 & suiv.*

» Il est particulier aux arrérages des » rentes constituées, que, si le créan- » cier en laisse accumuler plus de cinq » années, il ne peut exiger que les » cinq dernieres.

» Cette prescription procéde de l'Or- » donnance de Louis XII. (*a*) de l'an » 1510 : il est dit dans *l'article 71*, » *qu'il arrivoit souvent que les créan-*

(*a*) *Louis XII.* Il y a Louis XI dans le texte de M. Pothier. C'est une erreur typographique. Car Louis XI mourut en 1483.

» *ciers de ces rentes, après avoir laissé* » *accumuler beaucoup d'arrérages qui* » *excédoient le capital, faisoient vendre,* » *pour en avoir le payement, les biens* » *de leurs débiteurs, qu'ils réduisoient* » *à la mendicité*; & il ajoute ensuite: » *Nous, considérant tels contrats être* » *odieux & à restreindre, ordonnons que* » *les acheteurs* (c'est-à-dire les créan- » ciers) *de telles rentes, ne pourront* » *demander que les arrérages de cinq* » *ans ou moins; & si, outre iceux* » *cinq ans, aucune année fût échue,* » *dont ils n'eussent fait question ni* » *demande en jugement, en seront dé-* » *boutés par fin de non recevoir; &* » *en ce ne sont comprises les rentes fon-* » *cieres.*

» Il paroit, *continue M. Pothier*, » par les termes de cette Ordonnance, » que la prescription qu'elle accorde » au débiteur d'une rente constituée » contre ce qui seroit demandé pour » arrérages au-delà de cinq années, » n'est pas fondée sur une présom- » tion de paiement de ce surplus; mais » qu'elle est seulement établie pour sub- » venir au débiteur, & pour punir la

» négligence du créancier qui a laissé
» accumuler trop d'arrérages.

» Cette prescription ne décharge le
» débiteur que dans le for extérieur.
» Car les prescriptions n'éteignent pas
» la dette ; & elles ont seulement l'effet
» de faire perdre au créancier l'action
» qu'il avoit pour contraindre le dé-
» biteur au paiement.

» Il y a néanmoins quelques cas
» dans lesquels la prescription de cinq
» ans décharge le débiteur, même
» dans le for de la conscience.

A ces cas dont parle M. Pothier, on peut en joindre un autre, qui est, s'il y avoit un si grand nombre d'années d'arrérages, que le débiteur ne pût en faire le paiement total, sans se réduire à la mendicité. Car alors il pourroit en conscience profiter du secours que lui présente la loi. C'est la fin que se propose l'Ordonnance de Louis XII, qui sert encore aujourd'hui de regle. Et, comme on ne peut, dans ce cas, déférer le serment au débiteur, il n'y auroit pour lui aucun embarras. Cependant, comme le débiteur ne peut faire que ce dont il a besoin pour ne pas être réduit à la mendicité, on ne le dispense pas de l'obligation de payer peu à peu & quand il le pourra, les arrérages qu'il sait bien devoir.

OBJECTION I. Le créancier ne pouvant déférer le serment à son débiteur, pour savoir s'il a payé les arrérages ; il s'ensuit que cette prescription n'est pas simplement une fin de non recevoir, mais une vraie prescription qui décharge absolument & dans tous les cas, le débiteur.

Réponse. Cette conséquence est contraire au texte formel de l'Ordonnance de Louis XII, où il est dit, que les créanciers, dans le cas dont il s'agit, *seront déboutés* de leur demande *par fin de non recevoir.*

OBJECTION II. Si la prescription n'est accompagnée de bonne foi, on avoue qu'elle ne peut éteindre dans le for de conscience les dettes qui sont dûes par le droit naturel ; mais elle anéantit constamment celles qui ne sont dûes que par la disposition & l'autorité des loix civiles, telles que sont les dettes d'arrérages pour les rentes constituées ; *omnis enim res, per quascumque causas nascitur, per easdem dissolvitur.* C'est le raisonnement de M. de la Paluelle, *pag. 140 de la 3e. édition.*

Réponse. M. de la Paluelle suppose ici deux choses qu'on ne peut lui accorder. 1°. Il suppose qu'une rente constituée n'est point dûe par le droit naturel. Il faudra donc dire aussi que le vendeur n'est point obligé par le droit naturel de livrer la marchandise qu'il a vendue & dont il a reçu le prix. Car enfin le débiteur d'une rente constituée a réellement vendu une rente à prendre sur lui ; & il a reçu le capital qui est le juste prix de cette rente, qui est conséquemment dûe *jure naturali*, comme dans tout autre contrat de vente.

2°. M. de la Paluelle suppose que Louis XII a voulu éteindre & anéantir la dette des arrérages qui excéderoient cinq années. C'est précisément ce qui devroit être prouvé. Nous convenons que Louis XII auroit pu le faire. Mais l'a-t-il fait réellement? Non ; puisqu'à cet égard, Louis XII se contente de refuser toute action aux créanciers, & d'ordonner *qu'ils seront déboutés par fin de non recevoir.*

OBJECTION III. Comme il appartient au Prince de fixer le taux de l'intérêt, il n'appartient qu'à lui de prescrire la quotité des arrérages. Donc on peut & on doit suivre la loi dans un cas, de même que dans l'autre.

Réponse. C'est toujours supposer ce qui est en question. Louis XII a bien prescrit la quotité des arrérages qui seroient exigibles au for extérieur; mais il n'a pas déterminé la quotité des arrérages qui seroient dus au for de la conscience.

OBJECTION IV. Le débiteur d'une rente ne s'y est obligé que sous la condition de ne devoir jamais que cinq années d'arrérages. Donc, &c.

Réponse. C'est encore ici un faux supposé. On devroit seulement dire que le débiteur a contracté sous la condition de ne pouvoir être contraint à payer plus de cinq années d'arrérages. Cela est vrai, & ne prouve rien.

ARTICLE II.

Des Retraits. (a)

IL y a trois ſortes de retraits, ſavoir le conventionnel, le lignager & le féodal. Il ne s'agit point ici du retrait conventionnel qui réſulte de la vente d'un fonds qui a été faite avec la faculté de rachat. Ainſi nous ne parlerons que du retrait lignager & du retrait féodal.

SECTION PREMIERE.

Du Retrait lignager.

LE retrait lignager, eſt la faculté accordée aux parents de retirer certains biens vendus par leur parent dans

(a) En Normandie, les retraits ſe nomment clameur; & on dit clamer un héritage ou retirer un héritage, dans le même ſens. On ajoute clameur *de bourſe*; parce que le clamant ou retrayant eſt tenu de rembourſer à l'acquéreur tous les loyaux coûts.

le feptiéme dégré. *Art. 452, 468, 469, 475, 476 & 477 de la Coutume.*

QUESTION I.

Quels sont les biens clamables ou sujets au retrait lignager ?

RÉPONSE.

1°. Suivant l'article 452, » tout hé» ritage ou autre chose immeuble, soit » propre ou acquêt, vendu par de» niers, ou fieffé par rente racquit» table à prix d'argent, peut être re» tirée, tant par le Seigneur féodal » immédiat que par les lignagers du » vendeur, jusqu'au septiéme dégré, » icelui inclus «.

2°. Selon l'article 502, Baux à ferme à longues années, faits pour plus de neuf ans, sont retrayables, comme aussi est la vente d'un usufruit, faite à autre qu'au propriétaire, lequel est préféré à la clameur. C'est-à-dire, comme l'explique Pesnelle, que le droit du propriétaire exclut celui de la clameur.

3°. Par l'article 463, »Bois de »haute-futaie est sujet à retrait, en»core qu'il ait été vendu à la charge »d'être coupé; pourvu qu'il soit sur »le pied lors de la clameur signi»fiée, & à la charge du contrat«. Ces derniers mots signifient que le retrayant est tenu de couper & enlever le bois, suivant qu'il a été stipulé par le contrat de vente. Pesnelle, *hic.*

Il est bon d'observer que, par différents Arrêts, le lignager du premier acquéreur, ne peut clamer la seconde vente, quoique le bois soit encore sur pied, au temps de la signification de la clameur. M. Roupnel, *ibid.*

On demande 1°. ce qu'il faut entendre ici par le bois de haute-futaie.

Rép. Il faut entendre les arbres qui ont une excroissance de plus de quarante années. Pesnelle, *sur l'art. 463.*

On demande 2°. *quid juris* à l'égard des bois qui sont abattus.

Rép. Les bois étant abattus ou séparés du fonds, ne sont plus retrayables. Mais ils peuvent être arrêtés & saisis par les créanciers du vendeur, s'ils n'ont pas été enlevés ; ce qui a été jugé par plusieurs Arrêts. Pesnelle, *ibid.*

4°. Suivant l'article 464, » tout contrat d'échange, où il y a solde de » deniers, quelque petite qu'elle soit, » est clamable, pour le regard de » la terre contre laquelle a été baillé » argent «.

Il faut remarquer, ajoute Pesnelle, *que le retrayant, au cas de cet article, doit payer la valeur de l'héritage avec lequel la solde a été baillée, suivant l'estimation qui en sera faite par experts.* Ainsi *il ne suffit pas* d'offrir de payer l'estimation de l'autre héritage, contre lequel la solde a été baillée, en déduisant la solde. Arrêt du 14 de Mai 1661.

5°. Selon l'article 465, » Si l'acheteur dénie qu'il y ait eu achat, & » qu'il soit trouvé par après du contraire, le prix du contrat est confisqué au Roi ; l'héritage demeure » au clamant, & le treiziéme au Seigneur, duquel il tient : & pourra » le clamant faire purger par serment,

» tant l'acheteur que le vendeur, sur » la forme & prix du contrat «.

6°. La rente fonciere étant vendue, peut être retirée par le lignager & par le Seigneur. Article *501 de la Coutume.*

QUESTION II.

Quelles sont les choses non clamables ou non sujettes au retrait ?

RÉPONSE.

1°. Il n'y a point lieu au retrait dans le cas de l'échange simple. Car, comme il est dit en l'article 461 de la Coutume ; » en permutation de » choses immeubles, il n'y a point de » clameur ; toutefois si l'un des com» permutants, ou personne interposée » pour lui, rachete l'échange qu'il a » baillé, dans l'an & jour ; ou bien » s'il est prouvé qu'il fût ainsi con» venu entre les parties, lors de la» dite compermutation, il y a ouver» ture de clameur dans les trente ans.

Sur cela on demande *quid juris*

dans le cas ſuivant. Deux particuliers ayant fait échange de deux jardins, ſont convenus que l'un des compermutants racheteroit dans l'an & jour, ce qu'il donnoit en échange à l'autre. Y a-t-il ouverture à la clameur dans ce cas ?

Rep. Non, tant que la convention ne ſera point prouvée. Car la Coutume ne dit point qu'il y a ouverture de clameur, ſi les parties étoient convenues de ce que deſſus, mais ſeulement, *s'il eſt prouvé* qu'il fût ainſi convenu entre les parties, *lors de ladite compermutation.* Donc il n'y aura point ouverture à la clameur, tant qu'il n'y aura aucune preuve de ladite convention. Car c'eſt ici une peine, qui, conſéquemment ne doit pas être étendue au-delà des termes de la loi.

2°. Il n'y a point d'ouverture aux retraits quand un héritage eſt fieffé ou baillé à rente irracquittable; parce que c'eſt une eſpéce de permutation d'un immeuble contre un immeuble.

Mais quand la rente eſt racquittable, en tout ou partie; alors, comme il ne ſe fait point de remplacement perpétuel, ni de subrogation à l'égard du bailleur, le prix par lequel cette rente est racquittable, est réputé le prix d'une véritable vente ; & par conséquent il y a ouverture à la clameur ; il en seroit de même, si le preneur avoit baillé une rente hypothéque ou volante par forme d'échange ; parce que cette espece de rente est toujours racquittable. Art. 462 de la Coutume, & Pesnelle, *sur cet article*.

QUESTION III.

Quels sont les parents qui ont droit au retrait lignager, & quel ordre doit-on mettre entr'eux ?

RÉPONSE.

I. Sur la premiere partie de cette question, nous avons trois Articles dans notre Coutume.

1°. *Art. 468.* »Les parents sont »reçus à retirer les héritages vendus, »selon qu'ils sont plus prochains du »vendeur«.

2°. *Art. 469.* »Les paternels peu-

» vent ſeulement retirer ce qui eſt du » côté paternel ; & les maternels ce qui » eſt du côté maternel «.

3°. *Art.* 470. » Les conquêts im-» meubles peuvent être retirés, tant » par les parents paternels que *par les* » maternels ; & y ſont reçus, ſelon qu'ils » ſont plus prochains du vendeur, ſoit » qu'ils ſoient paternels ou maternels «.

II. Sur la ſeconde partie de la même queſtion, nous avons auſſi trois articles.

1°. *Art.* 475. » En concurrence de » clamants lignagers, le plus prochain » parent du vendeur & plus habile à » lui ſuccéder, eſt préféré, encore que » délais eût été fait à autre du lignage «.

2°. *Art.* 476. » Et où les clamants » ſeroient en ſemblable dégré, ils ſont » reçus à la clameur, ſelon l'ordre que » les ſucceſſions ſont déférées par la » coutume «.

3°. *Art.* 477. » Si les freres, » ſœurs, (*a*) ou autres parents du ven-

(*a*) *Nota.* Comme les freres & les deſcendants des freres ſont préférés aux ſœurs & aux deſcendants des ſœurs en la ſucceſſion tant des propres que des acquêts, ainſi doivent-ils être préférés quant aux retraits. Peſnelle, *ſur l'art.* 477.

» deur en pareil dégré, se clament; » le plus aîné des clamants préférera » les autres, si c'est un fief *que l'on* » *retire* : & si c'est héritage partable, » ils partageront également «.

QUESTION IV.

Dans quel temps doit-on faire la clameur ou retrait de l'héritage?

RÉPONSE.

1°. Suivant l'article 484, » il suffit que la clameur soit prise & signifiée à l'acheteur dans l'an & jour » de la lecture & publication faite du » contrat de *vente*, encore que le jour » de l'assignation pour venir voir comp» pter deniers & exhiber le contrat, » échée après l'an & jour; pourvu que » l'assignation soit aux prochains plaids » ou assises, du jour de ladite signifi» cation «.

2°. Selon l'art. 454, » les héritages » ou rentes *foncieres* vendues dans le » Pont-Audemer, Pontlevêque, Caen, » Coutances, Avranches, & autres en-

» droits esquels il n'y avoit que vingt-» quatre heures de clameur, pourront » être dorénavant retirées dans les qua-» rante jours de la lecture & publica-» tion du contrat «.

QUESTION V.

Comment doit se faire la lecture & publication du contrat ? *Quid juris* quand elle n'a point été faite ?

RÉPONSE.

1°. *Art. 455 de la Coutume.* » La » lecture dudit contrat se doit faire » publiquement & à haute voix, & à » jour de Dimanche, à l'issue de la » Messe Paroissiale, du lieu où les » héritages sont assis, en la présence » de quatre témoins, pour le moins, » qui seront à ce appellés, & signe-» ront l'acte de la publication sur le » dos du contrat, dont le Curé ou » Vicaire, Sergent ou Tabellion du » lieu, qui aura fait ladite lecture, est » tenu faire registre «.

[A présent il n'y a plus que les

Notaires qui puissent faire ces lectures, Edit de 1694. Déclaration du 20 de Septembre 1720. Pesnelle *hìc*].

2°. *Art.* 453. » Et si lecture & pu» blication n'a été faite, le contrat est » clamable dans trente ans «.

Sur cela, on demande si l'acquéreur, ayant manqué de faire lecturer son contrat, est obligé en conscience d'en faire faire la lecture.

Rép. On peut dire qu'il n'y est pas obligé. Car en le faisant, il rendroit son acquisition clamable pendant trente années; & il restitueroit plus aux lignagers qu'il ne leur auroit ôté; ce qui n'est point nécessaire.

Cependant il est certain que le vendeur & l'acheteur qui usent de fraude, pour empêcher le retrait, se rendent coupables d'une injustice qu'ils sont tenus en conscience de réparer. Car le droit de retrait lignager est un droit très-légitime qui appartient à la famille du vendeur, & qu'elle tient de la loi. C'est donc une injustice que de l'en priver.

Or, comme dit M. Pothier (*a*)

(*a*) Traité du retrait, Part. 1. Chap. 1, nomb. 16.

» l'injustice consistant à priver par cette » fraude les lignagers d'exercer le re- » trait sur le contrat de vente, qui » leur a été déguisé ou caché, la ré- » paration de cette injustice doit con- » sister à leur restituer ce pouvoir. » L'acheteur peut faire cette restitution, » en avertissant les lignagers de sa frau- » de, en leur promettant de passer » contrat de vente de l'héritage par » lui acquis à celui d'entr'eux«, *qui avoit le premier, droit au retrait lignager; & aux suivants (selon leur ordre) au refus du premier.*

M. Pothier remarque aussi que l'acheteur peut avertir les lignagers de sa fraude, ou en allant les trouver, ou par quelque acte public, qui puisse parvenir à la connoissance de toute la famille. Il suffit donc que l'acquéreur aille trouver en particulier les lignagers. Car, quand un débiteur a plusieurs voies pour satisfaire à ses créanciers, il est de principe qu'il puisse choisir la voie la plus simple & la moins sujette aux inconvenients; *electio est debitoris.*

Enfin M. Pothier conclut par cette

autre remarque importante : observez
» que la vente que l'acheteur fera en
» ce cas à un lignager, devant don-
» ner lieu à un nouveau profit, & à des loyaux coûts, auxquels il n'eût pas été sujet, s'il n'eût pas été empêché par la fraude de l'acheteur, d'exercer le retrait, ce lignager doit, en récompence, être déchargé envers l'acheteur, de la restitution du profit dû pour la premiere vente, & de celle des loyaux coûts.

QUESTION VI.

Quelles sont les autres fraudes qui se commettent au préjudice du retrait?

RÉPONSE.

La fraude dont on vient de parler, se commet en cachant le contrat de vente. Il y en a d'autres qui se font en déguisant le même contrat.

1°. On déguise quelquefois un contrat clamable v. g. un contrat de vente, sous la forme d'un contrat non clamable, comme d'une fieffe, d'un échange, d'une donation ; par exemple, on fait un contrat d'échange ou de fieffe dans toutes les regles ; mais par une convention secrete, l'un des compermutants s'oblige de payer à l'autre certaine somme ou bien le fieffataire s'engage à payer tant., pour le pot de vin ; ou bien il intervient entre le fieffant & le fieffataire une convention d'amortir la rente.

2°. Un autre déguisement du contrat de vente consiste dans l'exagération du prix ; ce que l'on fait pour détourner les retrayants.

Il est permis sur tout cela de requérir le serment du vendeur & de l'acheteur. Encore que la convention ait été lacerée avant le retrait. Et, comme le remarque M. Roupnel, *sur l'art. 500 de la Coutûme*, la preuve qu'une contre-lettre sous signature privée, portant faculté d'amortir, a été vue, lue & tenue, est recevable. Arrêts des 22 de Décembre 1741, & 3 de Février 1744.

On demande 1°. quelle est la peine prononcée par la Coutume contre ces fraudes & autres pareilles.

Rép. Suivant l'article 500, *tout contrat de vente, où il y a fraude commise, au préjudice du droit de retrait, appartenant aux lignagers ou aux Seigneurs féodaux, est clamable dans trente ans.*

On demande 2°. comment il faut réparer ces fraudes *in foro conscientiæ.*

Rép. M. Dufort, (*a*) parlant de l'acquéreur d'une terre, qui avoit fait employer deux mille livres de plus que le veritable prix, donne cette décision. » On doit lui dire qu'il est obligé » de faire un acte devant Notaire, par » lequel il reconnoisse que mal à pro» pos il a été employé dans son con» trat d'acquêt, que ladite terre lui » coûte douze mille livres, quoiqu'elle » ne lui en coûte que dix mille ; & » qu'il fasse *lecturer* cet acte, pour le » rendre public, &c.

Voilà ce que prétend M. Dufort. Mais il y a dans ce sentiment deux inconvenients qui nous empêchent de le suivre.

1°. L'acquéreur ne pourroit faire

(*a*) Résolutions, pag. 281 de la premiere édition.

l'acte que M. Dufort lui enjoint, sans se diffamer à la face du public. Y est-il tenu ?

OBJECTION. Quand l'acquéreur a fait son contrat, il se mettoit peu en peine de la diffamation. Pourquoi donc la craint-il si fort, quand il s'agit de réparer son injustice ?

Rép. Quand un homme vole sur les grands chemins, il se met peu en peine de la potence ou de la roue. S'ensuit-il qu'après avoir volé, il soit tenu de se mettre de lui-même entre les mains de la Justice ? La question est de savoir s'il n'y a point une voie pour réparer l'injustice de l'acquéreur sans le diffamer publiquement. Nous prouverons bien-tôt qu'il y en a une meilleure que celle qui est indiquée par M. Dufort.

2°. L'autre inconvenient, c'est que l'acquéreur en donnant l'acte public que l'on exige de lui, s'exposeroit visiblement à faire connoître la fraude du premier contrat, & à rendre son acquêt clamable pendant trente ans ; ce qui n'est pas juste ; puisque la réparation excéderoit de beaucoup le dommage commis.

M. Dufort, pag. 183, avance que l'acquéreur ſe *fera honneur en reconnoiſſant librement ſa faute.* Voilà ce qui devroit arriver. Mais peut-on le garantir ? Tous les hommes ſont-ils auſſi charitables que le croyoit M. Dufort.

Il vaut donc mieux en revenir au ſentiment de M. Pothier, & dire qu'il ſuffit que l'acquéreur avertiſſe en particulier de ſa fraude les lignagers ou autres qui avoient droit de clameur dans le cas du contrat frauduleux, & qu'il propoſe de leur paſſer contrat de la même terre aux conditions qu'il l'a achetée lui-même, ſans lui rembourſer les loyaux coûts.

M. Dufort objecte qu'il eſt impoſſible de connoître celui des lignagers qui avoit droit de clameur. Impoſſibilité imaginaire. Tous les jours on découvre quel eſt l'héritier préſomptif d'un vendeur. Or l'héritier préſomptif eſt préciſément celui qui a droit au retrait lignager. S'il n'y a point de lignagers qui euſſent pu ou voulu clamer; le droit ſe trouve appartenir au Seigneur féodal, qui eſt encore facile à connoître.

QUEST.

QUESTION VII.

Quelles ſont les fraudes que commettent les parents lignagers, en clamant au préjudice de l'acquéreur ?

RÉPONSE.

1°. La fraude ſe commet dans la clameur, quand un lignager eſt ſuſcité par une tierce perſonne de retirer, pour dépoſſéder un acquéreur de bonne foi, & qu'il y a convention de remettre à une tierce perſonne le bien ainſi retiré. Alors l'acquéreur peut rentrer dans ſon acquiſition, dans les trente ans, & agir par action en répétition de l'héritage par lui ci-devant acquis.

2°. La vente qu'un lignager fait immédiatement après le retrait, ne forme point ſeule une préſomption de fraude qui annulle le retrait.

3°. Pour obvier à cette fraude, on oblige le lignager de jurer avant la clameur gagée, qu'il clame pour lui, qu'il ne prête point ſon nom à un autre, directement ni indirectement, &

enfin qu'il eſt dans la volonté actuelle de garder l'héritage. Arrêt de Réglement du 8 d'Août 1735. Routier, *principes de Droit Civil*, pag. 377, nomb. XIII, & M. Roupnel, *ſur l'art.* 482. Pour qu'un lignager puiſſe en conſcience prêter ce ferment, il ſuffit donc qu'il ait la volonté actuelle de garder l'héritage qu'il retire, quoiqu'il ſe promette de le revendre dans la ſuite, s'il trouve à y gagner. En effet on ne peut ſe propoſer de vendre un bien dans la ſuite, ſans avoir la volonté actuelle de le garder pour ſoi. Mais il faut néceſſairement que le lignager, avant la clameur, ſe ſoit abſtenu de toute convention avec une tierce perſonne, de lui revendre le bien retiré pour un prix plus ou moins conſidérable. Il ne faut pas même qu'il ait un deſſein formé de revendre le bien clamé. Car, dans ce cas, le lignager ne pourroit en conſcience jurer qu'il clame pour lui, & qu'il eſt dans la volonté actuelle de garder l'héritage.

QUESTION VIII.

Que faut-il obſerver ſur les autres circonſtances du retrait?

RÉPONSE.

1°. L'assignation ou adjournement en retrait est valable, quoique donnée à un jour de Fête, si le temps fatal étoit prêt d'expirer.

2°. Il y a un Arrêt de Réglement du 17 Janvier 1731, qui a ordonné qu'à l'avenir tous Huissiers & Sergents seront tenus de se faire assister de deux témoins idoines & âgés de 20 ans, dans les significations des exploits de clameur, à peine de nullité desdits exploits, &c. Principes de Routier, pag. 365, nomb. III. & V.

3°. Les fruits sont acquis au retrayant, du jour de l'ajournement, débours & garnissement qu'il aura faits des deniers du prix principal du contrat & des loyaux coûts. *Art. 486 de la Coutume.*

4°. Et où l'acquéreur seroit refusant ou délayant d'obéir à la clameur, il suffira d'offrir les deniers du prix & les loyaux coûts, pour gagner les fruits du jour de l'offre. *Art. 487 de la Coutume.*

SECTION II.

Du Retrait féodal.

ART. 177 *de la Coutume.* » Le Seigneur féodal peut retirer le fief tenu » & mouvant de lui, s'il est vendu par » le vassal, en payant le prix & loyaux » coûts, & par ce moyen, le fief retiré » est uni au fief duquel il étoit tenu «.

Art. 178. » Pareillement il peut » retirer la roture vendue en son fief, » en payant le prix & loyaux coûts; » & par ce moyen, ladite terre est » réunie au fief, & les rentes & charges dûes à cause d'icelle, *sont* éteintes «.

Art. 179. » Et quant aux autres » charges communes entre les tenants, » les autres en demeurent déchargés, » à la raison de ce qui en étoit dû » pour la terre réunie, excepté le service de prévôté «.

Art. 180. » Mais si le Seigneur achete » terres de roture, tenues de lui; il est

»tenu faire faire ſervice de prévôté »dû par ladite terre; juſqu'à ce qu'elle »ſoit réunie au fief«.

Art. 281. »Il peut auſſi retirer »la rente fonciere dûe à cauſe du fonds »tenu de ſon fief, vendue par le vaſſal; »laquelle, & en ce faiſant, ſera unie »au fief, & néanmoins ſera toujours »fonciere«.

Art. 282. »Le Seigneur ayant reçu »le treiziéme, d'héritage vendu par »ſon vaſſal, peut néanmoins le re- »tirer, en rendant le treiziéme; mais »s'il a reçu le relief, ou la foi & »hommage, il ne peut plus retirer... »Toutefois, ſi l'acheteur s'eſt chargé »du treiziéme, & *ſi* le Seigneur l'a »reçu de lui par ſa main, ou ſigné »l'endos du contrat de *vente*; il n'eſt »plus reçu à le clamer«.

Art. 283. »Si le Seigneur achete »l'héritage de ſon vaſſal, qui ſoit retiré »par un lignager; *le Seigneur* doit »être payé de ſon relief & treiziéme, »outre le prix & loyaux coûts«.

»*Art.* 284. »Pareillement, ſi l'ayant »retiré par puiſſance de fief, il en eſt »évincé par le lignager, le retrayant

» est tenu de lui payer les droits de » relief & de treiziéme «. On voit par ce dernier article que le lignager est préféré au Seigneur dans les retraits.

QUESTION I.

La rente fonciere vendue est-elle toujours clamable ?

RÉPONSE.

Il y a une exception marquée par l'art. 28 du Réglement de 1666 ; c'est que *rente fonciere vendue à celui qui en est redevable, ne peut être clamée à droit lignager ni féodal.* Sur quoi il est bon d'observer que la fieffe est bien clamable par le lignager ou le Seigneur ; mais la rente ne l'est pas, suivant un Arrêt du Parlement de Rouen du 24 Août 1756, qui jugea que, quand le débiteur de la rente de fieffe la rachete dans les 30 ans, ce rachat donne bien lieu à clamer les fonds fieffés, suivant la Déclaration du 10 Janvier 1725, mais elle ne rend pas la vente de la rente clamable, conformément à l'art. 28 dudit Réglement. M. Royer de la Tournerie, *traité des fiefs*, nouv. édition, pag. 259 & 260.

QUESTION II.

Le Seigneur est-il tenu de retirer tout ce qui est de sa mouvance ; & vendu par le même contrat ?

RÉPONSE.

Il faut distinguer. Ou ces différents fiefs vendus dépendent d'un seul fief possédé par le Seigneur ; ou ils dépendent de différents fiefs possédés par le même Seigneur. Au premier cas ; c'est-à-dire, si tous les fiefs vendus relevent d'un seul fief du Seigneur, il est obligé de les clamer tous ; c'est une vente qui ne peut être divisée, sans le consentement de l'acheteur.

Si au contraire les différents fiefs vendus par le même contrat, étoient mouvants de divers fiefs, quand même ils appartiendroient à un même Seigneur ; en ce cas il lui seroit libre de retirer ceux qu'il voudroit. C'est ce que décide l'article 114 du Réglement de 1666, où il est dit que *le Seigneur féodal doit retirer tous les héritages qui sont en la mouvance du fief à cause duquel il fait le retrait, mais qu'il n'est tenu de retirer les héritages relevants des autres fiefs qui sont en sa main.* Traité des fiefs, *pag.* 253.

ARTICLE III.

Des Donations.

I. LA donation eſt un acte par lequel une perſonne tranſmet gratuitement à une autre, la propriété ou l'uſufruit de quelque bien. Si la propriété du bien donné eſt transférée du vivant du donateur, c'eſt une donation entre vifs. Si la propriété ne doit être transférée qu'après la mort du donateur, c'eſt donation à cauſe de mort, ou autrement donation teſtamentaire.

II. Il ne s'agit dans cet article, que des donations entre vifs. Mais avant que d'en parler, nous examinerons une queſtion qui eſt auſſi difficile qu'intéreſſante.

On demande ſi la donation manuelle qui ſe fait *ſub conditione mortis*, eſt légitime & valable, du moins dans le for de la conſcience. Voici le cas.

Baptiſte étant au lit de la mort, mais ayant l'eſprit bien préſent, met aux mains de Jérôme ſon neveu, une bourſe de trois cents livres, en lui diſant : *je vous donne cette ſomme, ſi j'en meurs.* Cette donation ainſi faite eſt-elle valide ?

Réponſe. Nous croyons cette donation juſte & légitime, pourvu que Baptiſte n'ait donné *brevi manu* à Jérôme ſon neveu, que ce qu'il pouvoit lui donner par teſtament, toutes dettes payées. M. Dufort qui rejette entiérement cette donation, avoue néanmoins qu'elle ſeroit bonne, ſi elle étoit faite d'une maniere abſolue ; c'eſt-à-dire, de telle ſorte que le donateur ſe privât, dès ſon vivant, de tout droit ſur la choſe par lui donnée. (*a*) Ainſi le ſeul défaut que M. Dufort reproche à la donation manuelle, c'eſt d'avoir été faite conditionnellement ou ſous condition de mort. Mais ſi ce défaut peut annuller la donation qui ſe fait de main en main ; il faudra dire qu'il ne peut y avoir un ſeul teſtament valable. Car enfin tout teſtament

(*a*) Réſolutions, pag. 52 & ſuivantes de la premiere édition.

est fait sous condition de mort ; & il ne peut avoir aucun effet qu'après la mort du testateur. Ajoûtons, en considérant la chose en elle-même, qu'un homme étant libre de donner ou de ne pas donner, peut aussi donner sous telle condition possible & honnête qu'il lui plaira. Or la condition de la mort du donateur n'est que trop possible.

Elle est d'ailleurs très-honnête, puisqu'elle est permise tant par le droit naturel que par toutes les loix civiles & canoniques. On ne peut donc blâmer cette donation par le seul motif qu'elle est conditionnelle ou faite *sub conditione mortis*.

OBJECTION I.

La donation dont il s'agit, a bien d'autres défauts que celui d'être conditionnelle. Elle ne vaut rien selon notre Coutume, laquelle ne donne point d'autre moyen pour disposer de ses biens après la mort, que de le faire par un testament en forme, soit olographe, soit solemnel. *Résolutions*, pag. 53 & 54.

RÉPONSE.

Nous convenons que la donation qui se fait de main en main & sous condition de la mort du donateur, n'est appuyée sur aucun texte de la Coutume. Mais elle n'est point contraire à la Coutume ; & cela nous suffit. Cette donation *est extra legem ; sed non est contra legem.* C'est ce que répondit autrefois un pieux & savant Avocat de Coutances, qui fut consulté sur ce cas, ajoûtant que ces donations ont été quelquefois admises par les Juges séculiers. Nous en verrons bientôt la preuve.

OBJECTION. II.

Suivant l'Ordonnance de 1735 *sur les testaments, art. 1.* » Toutes dispositions testamentaires ou à cause de » mort, de quelque nature qu'elles » soient, seront faites par écrit. Dé» clarons nulles toutes celles qui ne se» roient faites que verbalement, & dé» fendons d'en admettre la preuve par

» témoins, même sous prétexte de la » modicité de la somme dont il auroit » été disposé «. *Or*, à ce que prétend M. Dufort, pag. 55, *les donations conditionnelles de main en main ne sont que verbales ; elles sont donc nulles de plein droit.* Arrêtons ici. M. Dufort se trompe visiblement. Voici le cas d'une donation qui n'est que verbale. Un homme dit à quelqu'un en présence de témoins : *je vous donne après ma mort trois cents livres que vous prendrez dans mon armoire, ou que vous demanderez à mes héritiers.* Voilà une donation purement verbale, qui est nulle de plein droit, & pour laquelle il est absolument défendu d'admettre la preuve par témoins. Mais la donation dont il s'agit, n'est point purement verbale. C'est une donation *de fait* & accompagnée de tradition, qui conséquemment n'a pas besoin d'être prouvée par témoins ; la tradition étant une preuve incontestable de la volonté du donateur. C'est ce que jugea le Parlement de Rouen par un Arrêt du 25 de Juin 1755. Suivant cet Arrêt, » une donation de meubles, faite avec

» tradition, par une personne malade, » est bonne sans acte par écrit, en» core que le donateur décéde peu » d'heures après la tradition des effets » donnés «.

Les partisans de M. Dufort répondront sans doute que, dans l'espece de cet Arrêt, il étoit question d'une donation faite d'une maniere absolue, & non conditionnelle.

Mais 1°. ce n'est qu'une supposition gratuite, *quæ eâdem facilitate negatur quâ proponitur.*

2°. Selon l'article 447 de notre Coutume, *toutes donations faites par personnes gisants malades de la maladie dont ils décédent, sont réputées à cause de mort & testamentaires.* Or la donation dont parle l'Arrêt de 1755, fut faite par un homme qui décéda peu d'heures après la tradition des effets donnés, & qui décéda de la maladie dont *il étoit gisant malade.* Donc cette donation fut réputée *à cause de mort, testamentaire*, & par conséquent conditionnelle.

3°. Nous savons de science certaine, que plusieurs Magistrats de cette Province & entr'autres M. Roupnel & M. le Royer de la Tournerie, ayant été consultés sur cette donation conditionnelle qui faisoit tant de peine à M. Dufort, ont répondu qu'ils croyoient cette donation bonne & légitime.

1°. M. Roupnel de Chenilly Conseiller au Parlement de Normandie, ayant été consulté sur les donations manuelles à cause de mort, répondit qu'il les croyoit bonnes & valides, en écartant les abus qui peuvent se glisser dans ces sortes de donations.

Voici comment s'exprimoit ce Magistrat dans la lettre qu'il écrivit de Rouen en date du 29 Août 1775. » Je pense qu'il est fort périlleux de » confirmer en toutes circonstances de » pareilles dispositions. N'a-t-on pas à » craindre qu'il n'en résulte une fraude » trop facile à commettre contre les » créanciers légitimes de celui qui a » ainsi disposé « ?

Il est vrai que c'est là un inconvenient, mais qui n'est point à craindre dans notre hypothese, où nous supposons un homme, ou qui n'a point de dettes, ou qui laisse beaucoup plus qu'il ne faut pour payer toutes ses dettes.

Continuons d'entendre M. Roupnel. Il ajoûte : » je n'adopte cependant pas » un rigorisme outré. Je sais que la tra» dition est un moyen d'acquérir, qui » aura vraisemblablement précédé tout » systême de législation ; & tel est le » fondement de l'Arrêt que vous citez, » que j'appliquerois même, suivant l'es» pece, à la donation à cause de mort, » & dans laquelle le donateur se préfere » au donataire. Mais il faut que l'objet » donné soit modique, qu'il ne cause » aucun tort aux créanciers du dona» teur ; que celui qui donne soit capa» ble de donner & que le donataire ait » la capacité d'accepter «. Tout cela est fort juste.

2°. M. le Royer de la Tournerie Procureur du Roi au Bailliage de Domfront paroît encore plus formel. Nous avons en original une délibération signée de ce Magistrat. En voici une copie fidele.

» C'est, *dit M. de la Tournerie*, une » Jurisprudence réconnue dans la France » coutumiere, que les dispositions ver-

» bales, ſuivies de tradition par le teſta-
» teur, de la main à la main, ſont
» valables. Outre l'Arrêt que rapporte
» la Combe, *Juriſp. Civile* au mot
» *teſtament*, rendu le 25 Mai 1746,
» le Parlement de Normandie en a
» rendu un le 25 Juin 1755, qui a
» jugé que la donation de meubles
» faite avec tradition par une perſonne
» malade, eſt bonne ſans acte par écrit,
» encore que le donateur mourût peu
» d'heures après la tradition des effets
» donnés.

» La condition que le donateur a
» impoſée au donataire, de remettre
» les effets donnés, en cas que le do-
» nateur ſe rétabliſſe, ne ſuſpend point
» l'effet de la donation qui eſt conſom-
» mée par la tradition. Elle impoſe
» ſeulement l'obligation au donataire de
» remettre l'effet, en cas de rétabliſ-
» ſement du donateur. Mais la mort
» ou le rétabliſſement n'influent en rien
» ſur la donation, qui eſt déjà con-
» ſommée ſous la condition de retour
» en cas de rétabliſſement. L'événe-
» ment de la condition n'arrivant point,
» on ne peut dire que ce ſoit la mort

» du donateur qui opere la donation ;
» c'eſt plutôt la tradition. Ainſi, tant
» en Droit Coutumier, qu'au for in-
» térieur, pareille donation eſt vala-
» ble, parce que nous entendons qu'il
» n'eſt queſtion que d'objets ſuſcepti-
» bles de légation teſtamentaire, faite
» à des perſonnes non prohibées «.

Délibéré à Domfront, ce premier Mars 1777. *Signé*, de la Tournerie.

OBJECTION. III.

L'Ordonnance de 1731, *ſur les donations*, *art. 3*. a réglé qu'il n'y auroit à l'avenir dans les États de France que deux formes de diſpoſer de ſes biens à titre gratuit, dont l'une ſera celle des donations entre vifs, & l'autre celle des teſtaments ou codiciles.

RÉPONSE.

On avoue que la donation conditionnelle qui ſe fait de main en main, n'eſt pas une forme authentique de diſpoſer de ſes biens. Mais (ce qui ſuffit) c'eſt un acte valide de droit naturel, & qui n'eſt ni annullé ni même prohibé, ni par les Ordonnances ni par la Coutume. Car enfin l'Ordonnance poſtérieure *ſur les teſtaments* ſe borne à déclarer nulles toutes les donations à cauſe de mort, qui ne ſeroient que verbales, ſans dire un ſeul mot de celles qui ſe font avec tradition. Si l'Ordonnance de 1735 ou les autres avoient voulu proſcrire les donations manuelles, en auroit-il beaucoup coûté d'ajoûter un mot pour l'expliquer? Dira-t-on que le Légiſlateur n'a pas dû prévoir tous les cas particuliers? A la bonne heure. Mais il n'a pas pu ignorer un cas ſi commun qu'il arrive preſque tous les jours. Diſons donc que, ſi les Loix & la Coutume ne parlent point du tout des donations dont il s'agit, c'eſt qu'on n'a voulu leur donner aucune atteinte, & que l'on s'eſt contenté de les laiſſer dans leur validité naturelle; nous avons droit de donner cette interprétation aux loix, ſuivant la régle 57 *in 6°. Contra eum qui legem dicere potuit apertiùs, eſt interpretatio facienda.*

OBJECTION IV.

Suivant l'art. 235 de notre Coutume, *le mort ſaiſit le vif* ; c'eſt-à-dire, que les biens d'un homme, à l'inſtant de ſa mort, paſſent à ſes héritiers. Or il n'y a qu'un teſtament en bonne forme qui puiſſe empêcher l'effet de l'article 235.

RÉPONSE.

Nous ne pouvons admettre la derniere propoſition.. Nous la nions, par la raiſon que l'effet de l'art. 235 peut être empêché par toute donation valide du défunt. Il faudroit donc faire voir que la donation dont il s'agit, n'eſt point valide, avant que de produire contre nous l'art. 235. M. Dufort prétend l'avoir prouvé. Nous avons vu à quoi ſe réduiſent ſes preuves.

Après cela qu'il eſt beau d'entendre M. Dufort citer l'Ecriture Sainte, invoquer Saint Thomas, & enſuite Pontas, pour prouver qu'on eſt obligé en conſcience d'obéir aux loix & aux diſpoſitions de la Coutume de ſa Province ! *Résolutions* , pag. 56 & 57. Mais quelles sont ces loix & ces dispositions de Coutume , auxquelles M. Dufort vouloit nous assujettir ? Il devoit charitablement nous en citer quelques-unes.

Auroit-il voulu nous soumettre à des loix , ou à des dispositions de Coutume , qui n'ont jamais existé ?

OBJECTION V.

La donation manuelle & sous condition, se faisant secretement, c'est un moyen pour donner plus qu'il n'est permis par la Coutume, au préjudice des héritiers & des créanciers. *Résolutions* , pag. 54 & 55.

RÉPONSE.

Voilà ce qui s'appelle *saltare extra chorum.* Nous ne soutenons la donation bonne qu'en supposant qu'il n'a été donné de la main à la main que ce qui pouvoit être donné par testament, toutes dettes payées. Que prouvent donc les inconvenients accumulés par

M. Dufort ? Nous ajoutons que, si la donation manuelle étoit excessive, elle ne seroit pas pour cela nulle, mais seulement réductible aux termes de la Coutume.

Venons maintenant aux donations entre vifs qui sont l'objet du présent Article.

QUESTION I.

Qui sont ceux qui peuvent donner en Normandie ?

RÉPONSE.

Suivant l'article 431 de la Coutume, » personne âgée de vingt ans accomplis, „ peut donner la tierce partie de son » héritage, & biens immeubles, soit » acquêts, conquêts ou propres, à qui » bon lui semble, par donation entre » vifs, à la charge, &c.

Ainsi, pour que l'on puisse donner en Normandie, il faut être âgé de vingt ans accomplis ; c'est-à-dire, qu'il faut avoir atteint l'âge de la majorité coutumiere ; ce qui regarde tant les homnes que les femmes, comme on le voit par ces mots *perſonne âgée*, qui conviennent également aux deux ſexes.

QUESTION II.

Qui ſont ceux auxquels on peut donner ?

RÉPONSE.

I. Dans le traité de l'état des perſonnes, nous avons examiné ce que les pere & mere peuvent ou ne peuvent point donner 1°. à leurs enfants bâtards ; 2°. à leurs enfants légitimes ; 3°. ce que l'on peut ou ne peut point donner aux héritiers collatéraux. Pour ne point répéter inutilement, nous renvoyons les lecteurs à ce traité.

II. Il nous ſuffit donc ici de répondre en général que l'on peut donner à toute perſonne, non prohibée ni par la loi ni par la Coutume.

Quant aux perſonnes prohibées, voici ce que porte l'article 439 de la Coutume de Normandie : » les mineurs » & les autres perſonnes, étant en puiſ-

» ſance de tuteur, gardain ou curateur, ne peuvent donner directement » ou indirectement au profit de leurs » tuteurs, gardains ou curateurs, ni de » leurs enfants ou héritiers préſomptifs, » meubles ou immeubles, pendant le » temps de leur adminiſtration, & juſqu'à ce qu'ils aient rendu compte, » ni même à leurs Pédagogues, pendant le temps qu'ils ſont en leur charge «.

III. Selon Peſnelle, *ibi*, on a étendu la prohibition de cet article à pluſieurs autres perſonnes, qui n'y ſont pas nommées, comme aux Religieux & Novices qui ne peuvent donner à leur couvent ; aux médecins, chirurgiens & apotiquaires, qui ne ſont pas capables de recevoir des donations de la part des malades pendant leurs maladies ; aux avocats, procureurs & juges qui ne peuvent recevoir aucune donation de leur clients, pendant le procès. M. Roupnel ſur Peſnelle, *à l'art.* 439, remarque d'après Berault, que *l'on comprend ſous la même prohibition, les quittances du pupille délivrées au tuteur avant la reddition du compte.*

compte. M. Roupnel ajoute ensuite : » l'Esprit de la Coutume est de déclarer incapables d'être donataires les » personnes qui peuvent abuser de leur » pouvoir pour extorquer des donations. L'autorité d'un maître sur son » apprentif, la soumission aveugle du » novice aux volontés de son supérieur, » l'ascendant du confesseur sur son pénitent, peuvent provoquer des dispositions que la loi annulle, parce » qu'elle y présume un défaut de li- » berté «.

Mais *quid juris* lorsqu'on est certain que ces donations ont été faites avec une liberté entiere & parfaite ? Les donataires peuvent-ils alors en profiter, du moins dans le for de la conscience ?

Réponse. Il nous paroît qu'ils le peuvent, parce que la loi ou la Sentence qui annulleroient la donation en ce cas, se trouveroient fondées sur une fausse présomption. D'ailleurs, comme l'observe encore M. Roupnel, *ibid.*, ces donations ont été quelquefois admises, même au for extérieur.

1°. *Plusieurs Arrêts* dit M. Roupnel, *ont confirmé des donations faites*

H

aux Avocats. 2°. *On a aussi confirmé des donations faites aux Procureurs, à cause de la parenté, ou de leur probité, & de leur désintéressement reconnus.*

QUESTION III.

Quelles sont les choses que l'on peut donner par donations entre vifs?

RÉPONSE.

1°. Le donateur peut donner par donation entre vifs, non-seulement ses meubles, mais la tierce partie de tous ses héritages & biens immeubles. *Art. 431 de la Coutume*, & les Principes de Routier, *pag.* 297, *nomb.* 1.

2°. » Donation faite de la totalité » des acquêts & conquêts immeubles, » ne vaut que jusqu'à la concurrence » du tiers de tous les biens du donateur «. *Article 440 de la Cout.*

3°. Celui auquel la donation a été » faite du tiers de tous les biens, doit » avoir la tierce partie du propre, & » la tierce partie des acquêts & conquêts du donateur «. *Art. 441.*

QUESTION IV.

Quelles sont les charges du donataire ?

RÉPONSE.

1°. Suivant l'art. 431, le donataire est tenu de contribuer (*a*) à ce que doit le donateur, lors de la donation.

2°. » Les donataires sont tenus de » porter toutes rentes foncieres & sei» gneuriales & autres charges réelles, » dûes à raison des choses à eux don» nées, encore qu'il n'en eût été fait » mention en la donation, sans qu'ils » en puissent demander récompense aux » héritiers du donateur «. *Art.* 442. » *de la Coutume.*

» Et où les choses données seroient » moindres que le tiers des biens du do» nateur, elles seront déchargées des » dettes hypothécaires & personnelles » du donateur, jusqu'à la concurrence » de la valeur du tiers, discussion préa» lablement faite des meubles «. *Art.* 443.

(*a*) *Contribuer* au prorata de ce que vaut la donation.

QUESTION V.

Quelle est la forme prescrite pour les contrats de donation entre vifs. ?

RÉPONSE.

1°. » Tous actes portants donation » entre vifs, seront passés par devant » Notaires ; & il en restera minute à » peine de nullité «. *Art. 1. de l'Ordonnance de 1731 sur les donations.*

2°. » Les donations entre vifs seront » faites dans la forme ordinaire des » Contrats & actes passés par devant » Notaires, & en y observant les autres » formalités qui y ont lieu, suivant les » différentes loix, coutumes & usages » des différents pays «. *Art. 2 de la même Ordonnance.*

3°. » Toute donation entre vifs, qui » ne seroit valable en cette qualité, ne » pourra valoir comme donation ou dis» position à cause de mort ou testa» mentaire, de quelque formalité qu'elle » soit revêtue «. *Art. 4 de l'Ordonnance.*

QUESTION VI.

Quelles ſont les autres formalités eſſentielles aux donations entre vifs?

RÉPONSE.

Les deux principales formalités ſont l'acceptation du donataire & l'inſinuation du contrat de donation.

I. Pour ce qui eſt de l'acceptation, voici ce que porte l'art. 5 de la même Ordonnance : » les donations entre vifs, » même celles qui ſeroient faites en fa- » veur de l'Egliſe, ou pour cauſes pies, » ne pourront engager le donateur, ni » produire aucun autre effet, que du » jour qu'elles auront été acceptées par » le donataire, ou par ſon procureur » général ou ſpécial, dont la procu- » ration demeurera annexée à la minute » de la donation; & en cas qu'elle eût » été acceptée par une perſonne qui » auroit déclaré ſe porter fort pour le » donataire abſent, ladite donation n'aura » effet que du jour de la ratification » expreſſe que ledit donataire en aura » faite par acte paſſé devant Notaires,

» duquel acte il restera minute. Défen-
» dons à tous Notaires & Tabellions,
» d'accepter les donations comme stipu-
» lants pour les donataires absents, à
» peine de nullité desdites stipulations.

L'article 6 ajoute : » l'acceptation de
» la donation sera expresse, sans que
» les Juges puissent avoir aucun égard
» aux circonstances dont on prétendroit
» induire une acceptation tacite ou pré-
» sumée ; & ce, quand même le dona-
» taire auroit été présent à l'acte de
» donation & qu'il l'auroit signé, ou
» quand il seroit entré en possession
» des choses données «.

Art. 7. » Si le donataire est mineur
» de vingt-cinq ans (*a*) ou interdit
» par autorité de Justice ; l'acceptation
» pourra être faite pour lui, soit par son
» tuteur ou son curateur, soit par ses
» pere ou mere ou autres ascendants,
» même du vivant du pere & de la
» mere, sans qu'il soit besoin d'aucun
» avis de Parents, pour rendre ladite
» acceptation valable «.

(*a*) *Mineur de vingt-cinq ans*, ou en Normandie de vingt, dit Routier, pag. 283, nomb. IV.

Art. 8. » L'acceptation pourra aussi » être faite par les administrateurs des » hôpitaux, hôtels-dieu, ou autres semblables établissements de charité, autorisés par lettres patentes *duement* enregistrées ; & par les curés & marguilliers, lorsqu'il s'agira de donations » entre vifs, faites pour le service divin, » pour fondations particulieres, ou pour » la subsistance & le soulagement des » pauvres de leur paroisse «.

Art. 9. » Les femmes mariées, » même celles qui ne seroient communes en biens, ou qui auroient été » séparées par Sentence ou par Arrêt, » ne pourront accepter aucunes donations entre vifs, sans être autorisées » par leurs maris, ou par Justice, à » leur refus. N'entendons néanmoins » rien innover sur ce point, à l'égard » des donations qui seroient faites à » la femme, pour lui tenir lieu de » bien paraphernal (*ou dotal*) dans les » pays où les femmes peuvent avoir » des biens de cette qualité «.

L'article 10. contient une exception en faveur des donations qui seroient faites par contrat de mariage, aux conjoints ou aux enfants à naître, soit par les conjoints mêmes, ou par les ascendants, ou parents collatéraux, & même par des étrangers; lesquelles donations ne pourront être attaquées ni déclarées nulles, sous prétexte du défaut d'acceptation.

II. Quant à l'insinuation, on demande 1°. en quoi elle consiste.

Rép. L'insinuation est l'enregistrement que l'on fait de quelque acte dans un registre public. *Instrumenti alicujus in publicas tabulas relatio.*

Il y a deux sortes d'insinuations en France, les insinuations laïques & les ecclésiastiques.

1°. Les insinuations laïques regardent les choses séculieres & temporelles, telles que sont les donations, les testaments, les substitutions, les achats, les ventes, &c.

2°. Les insinuations ecclésiastiques ont pour objet les actes qui concernent les choses ou les personnes ecclésiastiques.

Il n'est ici question que de l'insinuation laïque relativement aux donations. Voici ce que porte, à ce sujet, l'article 24 de l'Ordonnance de 1731. » Sera tenu à l'avenir dans chaque Bailliage ou Senéchaussée royale, un registre particulier qui sera cotté & » paraphé à chaque feuillet par le premier officier du siége, clos & arrêté » à la fin de chaque année par ledit » officier; dans lequel registre sera transcrit en entier l'acte de donation; si » elle est faite par un acte séparé; sinon, la partie de l'acte qui contiendra la donation, ses charges ou conditions, sans en rien omettre, à l'effet » de quoi la grosse ou expédition dudit » acte seront représentées, sans qu'il soit » nécessaire de rapporter la minute «.

On demande 2°. si le défaut d'insinuation pourroit opérer la nullité d'une donation.

Rép. 1°. Il est évident que, dans le for de la conscience, cette nullité ne peut avoir lieu. En effet l'insinuation n'est qu'une formalité extrinseque à l'acte de donation, formalité *qui n'a été introduite*, dit Routier, (*a*) *que pour éviter les fraudes, en rendant les*

(*a*) Principes Droit Civil, pag. 285. Sect. VI. nomb. 1.

donations *publiques*. Ainsi, quand on est assûré que la donation ne renferme ni fraude ni injustice quelconque, rien n'empêche qu'elle ne soit très valide & qu'on ne la regarde comme telle dans le for de la conscience.

2°. L'Ordonnance de 1731 n'a point regardé le défaut d'insinuation comme un vice essentiel, & qui annulle actuellement une donation. L'article 27 de cette Ordonnance dit seulement : » le » défaut d'insinuation des donations qui » y sont sujettes à peine de nullité «, pourra être opposé tant par les tiers acquéreurs, que par les héritiers, donataires postérieurs ou légataires, & généralement par tous ceux qui y auront intérêt ; autres néanmoins que le donateur, &c. Tout ce que prouve cet article, c'est que le défaut d'insinuation est quelquefois une raison suffisante pour faire révoquer une donation ; mais non pas que la donation soit nulle en elle-même pour ce seul défaut.

On demande 3°. quelles sont les donations sujettes à l'insinuation ?

Rép. Pour satisfaire à cette question, il suffit de rapporter quelques articles de l'Ordonnance de 1731, *sur les donations.*

Art. 19. » Les donations faites dans » les contrats de mariage en ligne di» recte, ne seront pas sujettes à la for» malité de l'insinuation».

Il faut, dit Routier (*a*) *prendre garde aux deux conditions requises par cet article*; la premiere, que la donation soit faite par le contrat de mariage : la seconde qu'elle soit faite en ligne directe, aux enfants & descendants. Autrement la donation a besoin d'être insinuée, comme on voit par l'article suivant.

Art. 20. » Toutes les autres dona» tions même les donations rémunéra» toires ou mutuelles quand même elles » seroient entiérement égales, ou celles » qui seroient faites à la charge de » services & de fondations, seront in» sinuées suivant la disposition des Or» donnances à peine de nullité«.

Art. 21. » Ladite peine de nullité » n'aura pas lieu néanmoins à l'égard » des dons mobiles, augments, contre-

(*a*) Principes de Droit Civil, pag. 286, nomb. IV.

» augments, engagements, droits de » rétention, agencements, gains de noces » & de survie, dans les pays où ils sont » en usage «.

Art. 22. » L'exception portée par » l'article précédent, aura pareillement » lieu à l'égard des donations de choses » mobiliaires, quand il y aura tradi» tion réelle, ou quand elles n'excé» deront pas la somme de mille livres, » une fois payée. *Voyez* les articles suivants de la même Ordonnance.

QUESTION VII.

Que faut-il observer sur la maxime : *donner & retenir, ne vaut rien ?*

RÉPONSE.

I. Cette maxime, contenue dans l'article 444 de notre Coutume, signifie que le donateur doit user de libéralité, en se dépossédant gratuitement & par un esprit de bénéficence, de la chose qu'il donne ; autrement, il n'y auroit point de donation.

II. La Coutume renferme deux

autres articles sur le même sujet.

Art. 445. »Donner & retenir, est »quand le donateur s'est réservé la puis»sance de disposer librement de la »chose par lui donnée entre vifs, ou »qu'il demeure en la possession d'i»celle«.

I. Ce seroit, dit Basnage *hìc*, donner imaginairement, que de retenir la libre disposition de la chose donnée. On rendroit le contrat de donation fort commun, si l'on pouvoit donner & en même temps faire dépendre de sa pure volonté, l'effet de la donation. Alors il ne resteroit aucune différence entre la donation entre vifs, & la testamentaire. Il faut donc, pour donner entre vifs, que le donateur se dessaisisse actuellement de toute propriété de la chose donnée, sans en pouvoir retenir la disposition. La nécessité que l'on impose au donateur de se dessaisir, modere ses empressements, & le fait donner avec plus de circonspection.

II. Basnage ajoûte plusieurs autres explications. 1°. Il faut, *dit-il*, établir ce principe, que la regle *donner*

& retenir ne vaut, n'a lieu que quand il s'agit de la donation d'une chose particuliere, *certæ rei*, & qu'il faut faire différence entre la donation d'une chose singuliere, & la donation générale de tous les biens, ou de partie d'iceux.

2°. Il faut faire distinction des choses données, & de la maniere dont elles ont été données. Lorsque la donation est faite des immeubles & des meubles que le donateur aura lors de son décès, elle est valable ; parce que c'est une donation universelle, où il n'est requis aucune tradition, & laquelle n'a son effet que pour les biens que le donateur laisse lors de son décès ; & l'on présume que le donateur n'a entendu donner que cela, & que, durant sa vie, il se constitue possesseur au nom du donataire. Enfin il suffit, *dans ce cas*, que le donataire ait l'espérance de pouvoir profiter de ce qui restera lors du décès du donateur.

Mais *quid juris*, quant à la donation des propres entre vifs, laquelle ne peut valoir comme testamentaire ?

Rép. Basnage estime *qu'il y a lieu*

de faire valoir la donation pour le tiers des propres qui resteront au donateur; parce que, dit-il, *on feint & l'on supplée par une favorable interprétation, une clause de constitut ou de précaire*; ce qui vaut de tradition.

3°. Mais il semble, *continue Basnage* que c'est faire une illusion manifeste à la regle, *donner & retenir ne vaut*, que d'approuver les donations des biens que le donateur aura en mourant, à la charge que, ce que le donateur se trouvera devoir alors, sera payé par le donataire; puisque le donateur peut contracter tant de dettes qu'il rende enfin le don inutile.

Mais, *dit Pesnelle*, on peut donner à la charge de payer les frais funéraux; qui ont une mesure ou proportion certaine: comme aussi, on peut donner à la charge d'acquitter ce qui sera dû lors du décès; pourvu que cela soit limité à une certaine somme.

4°. C'est, *dit encore Basnage*, une Jurisprudence générale, que la regle *donner & retenir*, *&c.* n'a point de lieu pour les donations faites en faveur de mariage, non-seulement à l'égard de celles que les conjoints se font réciproquement; parce que, dans ce cas il semblent posséder l'un & l'autre: mais aussi pour celles qui sont faites par un étranger. C'est que tous les soupçons de fraude qui naissent de la rétention de la chose donnée, cessent entiérement dans cette rencontre.

Art. 446. » Ce n'est donner & re-» tenir, quand on donne la propriété » d'aucun héritage, retenu à soi l'u-» sufruit sa vie durant, ou à temps, » ou quand il y a clause de constitut ou » précaire auxquels cas vaut telle do-» nation «. On appelle constitut en cet endroit, lorsque le donateur d'un fonds se constitue par clause expresse possesseur pour & au nom du donataire; ou quand il prend de lui l'héritage donné, & qu'il le prend à louage ou par autre forme de contrat, comme précaire, ou clause promissive de jouir tant qu'il plaira au donataire. *Berault & Godefroy.* » La rétention de l'usu-» fruit, *dit Pesnelle*, ou les clauses » de constitut & de précaire (*de la* » *part du donateur*) ne sont point con-» traires au proverbe, *donner & retenir*

» *ne vaut*, mais plutôt étant incompa-» tibles avec le droit de propriété, elles » équivalent à une tradition faite par le » donateur».

QUESTION VIII.

Que faut-il remarquer sur la révocation des donations ?

RÉPONSE.

Il y a des donations qui demeurent révoquées de plein droit, & il y en a d'autres qui sont seulement révocables.

I. Quant aux donations qui demeurent révoquées de plein droit, voici ce qu'à réglé l'Ordonnance de 1731.

Art. 39. » Toutes donations entre » vifs faites par personnes qui n'avoient » point d'enfants ou de descendants » actuellement vivants dans le temps de » la donation, de quelque valeur que » lesdites donations puissent être, & à » quelque titre qu'elles aient été faites,... » demeureront révoquées de plein droit par la survivance d'un enfant légitime du donateur, même d'un posthume, ou par la légitimation d'un enfant naturel par mariage subséquent, & non par aucune autre sorte de légitimation «.

Art. 40. » Ladite révocation aura » lieu, encore que l'enfant du donateur » ou de la donatrice fût conçu au temps » de la donation.

Art. 41. » La donation demeurera » pareillement révoquée, quand même » le donataire seroit entré en possession des biens donnés, & qu'il y » auroit été laissé par le donateur, » depuis la survenance de l'enfant, sans » néanmoins que ledit donataire soit » tenu de restituer les fruits par lui » perçus, de quelque nature qu'ils soient, » si ce n'est du jour que la naissance » de l'enfant ou sa légitimation par » mariage subséquent, lui aura été notifiée par exploit ou autre acte en » bonne forme, &c.

Art 43. » Les donations ainsi révoquées ne pourront revivre, ou avoir » de nouveau leur effet, ni par la mort » de l'enfant du donateur, ni par aucun acte confirmatif; & si le donateur veut donner les mêmes biens au

» même donataire, soit avant ou après » la mort de l'enfant, par la naissance » duquel la donation avoit été révo» quée, il ne le pourra faire que par » une nouvelle disposition «.

Voyez encore les articles 44, 45 & 46.

II. Venons aux donations qui, sans être révoquées de plein droit, sont révoquables pour certaines causes.

1°. Le plus ancien & le plus juste titre de révocation, est l'ingratitude du donataire.

Quiconque se montre ingrat envers son bienfaiteur, mérite d'être privé du bienfait. C'est une maxime imprimée par la nature même dans le cœur de tous les hommes.

On demande 1°. ce qu'il faut entendre ici par l'ingratitude.

Rép. C'est être ingrat, selon les loix, que d'attenter à la vie ou à l'honneur de son bienfaiteur, ou de lui causer une perte considérable dans sa fortune, ou enfin de lui refuser toute assistance dans son besoin extrême. Les loix ne punissent point l'indifférence seule, qui est le supplice le plus cruel pour un cœur sensible M. Roupnel *sur Pesnelle, à l'art.* 450 *de la Coutume.*

On demande 2°. si la donation est révoquée du jour même que l'ingratitude a été commise.

Rép. Elle est seulement révocable dès ce jour ; mais elle n'est actuellement révoquée, que du jour de la Sentence obtenue par le donateur contre le donataire convaincu d'ingratitude. Car c'est ici une peine qui suppose une Sentence de condamnation.

On demande 3°. si l'accusation d'ingratitude passe aux héritiers du donateur.

Rép. » L'accusation d'ingratitude, » dit M. Roupnel *ibid.*, est réservée » individuellement au donateur outragé ; » elle ne passe point à ses héritiers, » si elle n'a été préparée avant son » décès. L'héritier du donataire est » aussi à couvert de la demande en ré- » vocation. Il n'est obligé qu'à répa- » rer civilement le dommage causé par » son Auteur. Le tombeau de l'ingrat » est le terme de la juste vengeance » du donateur outragé «.

2°. Une autre cauſe de révoquer une donation, c'eſt lorſqu'elle ſe trouve contraire à la Coutume.

Suivant l'article 435 de la nôtre, » les héritiers peuvent révoquer les do- » nations faites contre la Coutume, » dans les dix ans du jour du décès » du donateur, s'ils ſont majeurs ; & » dans les dix ans du jour de leur » majorité, s'ils ſont mineurs : autre- » ment ils n'y ſont plus recevables «.

3°. Le donateur peut révoquer, tant que les choſes ſont encore entieres, qu'il n'y a point d'acceptation de la part du donataire. Mais hors ce cas, & celui de l'ingratitude du donataire, les donations ſont de droit irrévocables à l'égard du donateur. Pour ſes héritiers & créanciers poſtérieurs, ils peuvent la révoquer par l'incapacité du donateur & celle du donataire, par le défaut des formalités preſcrites, comme d'être paſſée par devant Notaires, ou d'être acceptée & inſinuée du vivant du donateur ; ou enfin par l'excès de la donation, parce que le donateur a plus donné qu'il ne lui eſt permis par la loi, comme la donation de tous ses biens, à la charge d'aliments, *réductible* au tiers. Routier, *principes de Droit Civil*, pag. 301, sect. XVIII, nomb. II.

ARTICLE IV.

Des Testaments.

» LE Testament, *dit Routier*, est » un acte par lequel une personne mâle » ou fémelle déclare sa volonté, pour » être exécutée après sa mort; d'où il » suit que, si le légataire prédécede le » testateur, le legs qui lui a été fait, » demeure nul & caduc «. Principes de Droit Civil & Coutumier, *pag.* 307, *nomb.* I.

QUESTION I.

Quelles sont les conditions requises pour que l'on puisse donner par testament?

RÉPONSE.

1°. Pour que l'on soit capable de tester, il faut être sain d'esprit, n'être point interdit par les loix & avoir vingt ans accomplis ; ce qui est l'âge de majorité en Normandie.

2°. Testaments faits par personnes incapables de tester, sont nuls & de nul effet. Tels sont les testaments de ceux qui sont en démence, des furieux, des insensés, des interdits, de ceux qui sont morts civilement.

3°. Testament fait par un pere irrité & par des motifs de haine & d'aversion contre ses enfants, est réputé fait par un homme qui n'est pas dans une disposition saine d'esprit, & dont la volonté est corrompue par la passion. En conséquence, on ne doit point y avoir égard. Routier pag. 319 & 320 nomb. VII, IX & XI.

4°. Les Religieux Profès, quoique titulaires de bénéfices, & ayant la libre administration du revenu d'iceux, ne peuvent disposer d'aucune chose par testament, encore qu'ils puissent disposer de ce qui leur appartient par acte entre vifs. *Vivunt ut liberi, moriuntur ut servi. Routier, pag. 321, nomb. XIII.*

QUESTION II.

Qui sont ceux qui peuvent recevoir par testament ?

RÉP.

RÉPONSE.

On peut appliquer ici ce que nous avons dit au ſujet des perſonnes capables ou incapables de donations entre vifs. Nous ajouterons ſeulement les remarques ſuivantes.

1°. Le Curé, le deſſervant, ou les Notaires qui reçoivent le teſtament, non plus que les deux témoins qui y ont ſigné, ne peuvent être légataires. *Art. 412 de la Coutume.* Routier, *pag. 321, nomb. II.*

2°. Les hommes & les femmes engagés dans l'adultere ou le concubinage, ne peuvent recevoir aucuns dons ni legs l'un de l'autre. Routier, *pag. 323. nomb. XIV.*

M. Roupnel, *ſur l'art. 416 de la Coutume*, obſerve la même choſe, mais avec reſtriction. » L'honnêteté » publique, *dit-il*, de concert avec » les loix, s'élevent contre les diſpo- » ſitions du teſtateur, au profit d'une » femme complice de ſa débauche. Ce- » pendant lorſque le teſtateur lui a frayé » les routes de l'incontinence, l'équité

» tolere un legs modique pour la doter, » & qui lui tienne lieu de réparation.

QUESTION III.

Quels biens peut-on donner par testament ?

RÉPONSE.

1°. Nul ne peut par testament disposer d'aucune partie de ses propres, si ce n'est au Bailliage de Caux, en faveur des puînés. *Art. 427 & 279 de la Coutume.*

2°. Le testateur peut disposer de ses meubles en tout ou en partie, suivant les circonstances. Il peut les donner tous, s'il est garçon ou veuf, n'ayant point d'enfants ; il ne peut donner que le tiers, s'il a des enfants ou autres descendants habiles à lui succéder. Enfin, s'il a femme, sans qu'il ait ni enfants, ni autres descendants, il peut donner la moitié de ses meubles. *Art. 418, 419 & 420 de la Coutume.*

QUESTION IV.

Peut-on donner des acquêts par testament & à quelles conditions ?

RÉPONSE.

Suivant l'article 422 de notre Coutume, » homme n'ayant enfants (a) » peut disposer par testament ou donation à cause de mort, du tiers de » ses acquêts ou conquêts immeubles, » à qui bon lui semble, autre toutefois qu'à sa femme & parents d'icelle, » pourvu que le testament ou donation » soit faite trois mois avant le décès » *du testateur*, & qu'il n'ait disposé du-» dit tiers entre vifs «.

La Coutume, *dit Basnage*, ne permettant de donner par testament que le tiers des acquêts, son intention étoit assez apparente qu'elle défendoit la donation testamentaire des propres; *inclusio unius est exclusio alterius*. Mais elle

(a) *N'ayant enfants peut disposer.* Donc s'il a des enfants, il ne peut disposer dudit tiers par testament.

s'eſt expliquée encore plus clairement par l'article 427.

Le temps de trois mois que le teſtateur doit ſurvivre pour faire ſubſiſter la donation du tiers des acquêts, prouve que le teſtament doit être daté. Autrement il ſeroit impoſſible de connoître ſi le teſtateur ſeroit mort avant ou depuis le temps ordonné par la loi.

Or, ſelon la remarque de M. Roupnel, dès que le temps de ſurvie eſt » une condition pour la *validité* du legs » des acquêts, il ſemble que, nonob» ſtant l'Arrêt cité par Baſnage, la » preuve de l'antidate du teſtament eſt ad» miſſible; c'eſt le ſentiment de Berault; mais il décide conformément aux principes, que ſi l'héritier du teſtateur n'offre point la preuve que le teſtateur eſt mort dans les trois mois, *ſtabitur inſtrumento.*

Il nous reſte à examiner quelques cas particuliers ſur l'article 422.

CAS I. Ariſtarque ayant fait ſon teſtament en faveur de Caïus, lui a légué le tiers de ſes acquêts, en ces termes : *Je legue à Caïus mon ami*, le tiers *de tous mes acquêts immeubles*,

& notamment telle piéce de terre. Mais il ſe trouve que la piéce de terre dénommée eſt un propre. Ce teſtament eſt-il valable ?

RÉPONSE. Il eſt valable, pourvu que le teſtateur ait ſurvêcu de trois mois à la confection du teſtament. L'erreur d'Ariſtarque, qui a pris un propre pour un acquêt, eſt une erreur purement accidentelle au teſtament, & qui ne peut l'infirmer. Car, comme l'obſerve Baſnage *ſur l'art. 422*, lorſque les termes d'un teſtament renferment quelque difficulté, il faut avoir plus d'égard à la volonté du teſtateur, qu'aux paroles dont il s'eſt ſervi pour la rédiger par écrit; *in conditionibus teſtamentorum, voluntatem potiùs quàm verba conſiderari oportet.* Leg. 101. *ff. de condit. & demonſtr.*

Or, dans ce cas, Ariſtarque a marqué clairement que ſa volonté étoit de donner le tiers de tous ſes acquêts à ſon ami Caïus. Il faut donc s'en tenir à ce point déciſif. A la vérité, le teſtament ne peut avoir aucun effet à l'égard de la piéce de terre dénommée; puiſque cette piéce fait partie des propres d'Ariſtarque. Mais le teſtament doit avoir ſa pleine & entiere exécution ſur les acquêts immeubles du teſtateur, s'il en a laiſſé, ainſi qu'on le ſuppoſe. Car une clauſe inutile ou vicieuſe ne peut apporter aucun préjudice aux autres clauſes d'un acte qui eſt légitime en ſoi-même. *Utile non debet per inutile vitiari.* Reg. 37, *in* 6°.

CAS II. Germain avoit légué à Titius une maiſon qui n'excédoit pas le tiers des acquêts du teſtateur. Mais quelque temps après, Germain a fait réédifier la maiſon léguée. Le teſtament doit-il toujours valoir au profit de Titius ?

RÉPONSE. »Ce n'eſt pas, »*dit Baſnage*, une queſtion problé»matique, que, quand la choſe léguée »eſt détruite, ſoit naturellement, ou »par cas fortuit, & ſur-tout par le »fait du teſtateur, le legs eſt abſolu»ment révoqué. Mais lorſqu'il eſt ar»rivé ſeulement quelque changement »à la choſe léguée, ſoit par dimi»nution ou par augmentation, il y »a plus de difficulté. Si, par exem»ple, le teſtateur avoit réédifié la mai-

» son qu'il avoit léguée, bien qu'il » n'y restât plus rien de l'ancien bâti- » ment, le legs ne laisseroit pas d'être » dû ; parce qu'il ne paroît pas qu'en » ce faisant, le testateur ait changé » de volonté. Si au contraire la maison » avoit été entiérement ruinée, bien » que c'eût été par le testateur même, » & qu'il l'eût rebâtie, le legs ne subsis- » teroit plus, si le légataire ne prou- » voit que le testateur avoit persévéré » dans son premier dessein «. Il n'est pas trop facile de concilier ensemble les deux points de cette décision. Il est vrai que, dans la premiere hypothese, il s'agit d'une maison qui a toujours subsisté, du moins en partie, jusqu'au temps de la réédification, au lieu que dans la seconde hypothese on parle d'une maison qui a été entiérement ruinée ; de telle sorte que le legs n'avoit plus d'objet. Cela fait une différence.

CAS III. Ambroise legue à François une piéce de terre acquise par le testateur. Ambroise échange ensuite la terre léguée. Le testament pourra-t-il valoir au profit de François?

RÉPONSE. Nullement. Car il ne peut valoir ni ſur la terre léguée ni ſur celle qui a été donnée en contr'échange. 1°. Sur la terre léguée qui ne ſe trouvera point dans la ſucceſſion d'Ambroiſe. 2°. Ni ſur la terre donnée en contr'échange, qui ſe trouvera bien dans la ſucceſſion d'Ambroiſe, mais que celui-ci n'a point léguée à François c'eſt le ſentiment de Baſnage, (*a*) qui ajoute que l'on ne peut appliquer à ce cas la régle, *ſubrogatum ſapit naturam ſubrogati.*

CAS IV. Lucius demeurant à Paris, a donné par teſtament le tiers de ſes acquêts, ſitués en Normandie à Sébaſtien ; mais Lucius eſt mort un mois après la date de ſon teſtament. Eſt-il valide ?

RÉPONSE. Point du tout. La raiſon eſt qu'il faut conſidérer la Coutume du lieu où les biens ſont ſitués, & non celle du lieu où le teſtament eſt fait. Car, il ne s'agit pas ici de la forme du teſtament, mais d'une con-

(*a*) Sur l'art. 422.

dition essentielle à la donation. Basnage, *sur l'art* 422.

QUESTION V.

Combien y a-t-il de sortes de testaments ?

RÉPONSE.

Il y en a deux especes principales, savoir le testament olographe & le testament solemnel.

1°. On appelle testament olographe, celui qui est entiérement écrit (*a*) de la main du testateur.

2°. Par testament solemnel, on entend celui qui est reçu par les Notaires, les Curés ou autres Officiers publics, qui doivent observer certaines formes prescrites par les Ordonnances & la Coutume de chaque Province.

QUESTION VI.

Quelle est la forme du testament olographe ?

(*a*) *Entiérement écrit.* Olographe vient de deux mots Grecs; OLOS, *totus*; & GRAPHO, *scribo*; comme qui diroit, *totum scriptum*, suppl. *manu testatoris*.

RÉPONSE.

Le teſtament olographe eſt le plus ſimple & le plus ſûr. Toute ſa forme conſiſte à être entiérement écrit, daté & ſigné de la main du teſtateur?

QUESTION VII.

Quelle eſt la forme du teſtament ſolemnel & public?

REPONSE.

1o. Suivant l'article 412 de notre Coutume, » tout teſtament *ſolemnel* » doit être paſſé par-devant le Curé » ou Vicaire, Notaire ou Tabellion, » en la préſence de deux témoins idoi- » nes, âgés de vingt ans accomplis, » & non légataires; *en* préſence deſ- » quels le teſtateur doit déclarer ſa vo- » lonté; &, s'il eſt poſſible le dicter: » & après, lui doit être lu le teſta- » ment *en* préſence de tous les deſ- » ſuſdits, ſigné du teſtateur; &, ſi » faire ne le peut, ſera fait mention » de l'occaſion pourquoi il ne l'a pu

» ſigner : même ſera ſigné du Curé » ou Vicaire, Notaire ou Tabellion, » & témoins «

On demande 1°. ſi le Vicaire peut recevoir le teſtament ſolemnel.

Rép. L'Ordonnance de 1735 *ſur les teſtaments* ne permet cette faculté qu'aux Curés & aux Deſſervants prépoſés par l'Evêque, pendant que dure la deſſerte des Cures. *Art.* 25. Il n'eſt permis aux Vicaires de recevoir les teſtaments qu'en temps de peſte. *Art.* 23.

On demande 2°. quels doivent être les témoins qui aſſiſtent au teſtament ſolemnel ?

Rép. Ils doivent être âgés de vingt ans accomplis & non légataires, ſuivant l'art. 412 de la Coutume. L'article 40 de l'Ordonnance de 1735, ajoute que *les témoins ſeront mâles, régnicoles & capables des effets civils.* Ainſi les femmes & filles ne peuvent ſervir de témoins dans un teſtament, non plus que le aubains ou étrangers. Il faut excepter le teſtament militaire, *dans lequel les étrangers, non notés d'infamie, pourront ſervir de témoins.*

Voyez encore les art. 41, 42 & 43, de la même Ordonnance.

On demande 3°. s'il suffit que le testateur déclare sa volonté.

Rép. Cela ne suffit point. L'article 25 de ladite Ordonnance porte que les Notaires ou autres *écriront les dernieres volontés du testateur telles qu'il les dictera.* Il faut donc que le testateur dicte lui-même ses volontés.

On demande 4°. ce qu'il faut observer sur la lecture du testament.

Rép. Il ne suffit pas de faire au testateur la lecture de son testament ; il faut qu'il en soit fait une mention expresse dans l'acte ; *de laquelle* lecture il sera fait une mention expresse, sans néanmoins qu'il soit nécessaire de se servir précisément de ces termes : *dicté, nommé, lu & relu sans suggestion*, ou autres requis par les Coutumes ou statuts. *Art. 23 de la même Ordonnance.*

On demande 5°. que doivent faire les Curés, Desservants ou Vicaires qui ont reçu un testament.

Rép. Selon l'article 26 de ladite Ordonnance, » le Curé ou le desser-

» vant, seront tenus, incontinent après » la mort du testateur, s'ils ne l'ont » fait auparavant, de déposer le testa- » ment, ou autres dernieres disposi- » tions qu'ils auront reçues, chez le » Notaire ou Tabellion du lieu ; &, s'il » n'y en a point, chez le plus prochain » Notaire Royal, dans l'étendue du » Bailliage ou Senéchaussée, dans la- » quelle la paroisse est située, sans que » lesdits Curés ou Desservants puissent » en délivrer aucunes expéditions, à » peine de nullité desdites expéditions, » & des dommages & intérêts des No- » taires ou Tabellions, & des parties » qui pourroient en prétendre «.

QUESTION VIII.

Les testaments qui sont nuls au for extérieur par le défaut de quelque formalité, doivent-ils être réputés nuls dans le for de la conscience ?

RÉPONSE.

Quoiqu'il y ait sur ce point bien des opinions différentes, voici le sentiment qui nous paroît le mieux fondé.

I. Le teſtament qui eſt nul au for extérieur par le défaut de formalités, doit être cenſé nul au for de la conſcience, & ne peut produire aucun effet.

II. Le teſtament qui, par défaut de formalités, peut ſeulement-être caſſé & déclaré nul par le Juge, peut valoir pour la conſcience, juſqu'à ce qu'il ait été annullé par les Magiſtrats. Prouvons les deux points de cette réponſe.

Premier point. Le Teſtament qui eſt nul au for extérieur par le défaut de formalités, doit être cenſé nul au for de la conſcience, & ne peut produire aucun effet.

En voici la preuve. La loi qui annulle un teſtament pour le défaut de formalités eſt juſte & portée pour des cauſes très-légitimes. Car le teſtament étant un contrat important & ſujet à mille fraudes, la loi a pu en conſidération du bien public, établir des formalités dans les teſtaments, elle a pu y aſtreindre les ſujets & ſtatuer que le défaut de ces formalités emporteroit la nullité de l'acte. Donc, ſi elle l'a statué de la sorte, elle est juste. Donc elle oblige dans le for de la conscience. Donc, &c. C'est le raisonnement de Covarruvias. (*a*) Voici comment s'exprime ce savant Canoniste : *lex quæ pronuntiat nullitatem testamenti ob defectum alicujus formalitatis, justa est. Cùm enim ille testandi actus gravis sit & mille obnoxius fraudibus, potuit lex, quò tutiùs & fideliùs ageretur, aliquam solemnitatem in eo actu statuere ad totius Reipublicæ utilitatem; potuit etiam decernere ut defectus hujus formalitatis nullitatem actûs importaret; id enim æquè exigit publicum commodum. Ergò lex quæ statuit nullitatem testamenti ob defectum alicujus formalitatis, justa est. Atqui lex justa, in animæ judicio, in foro conscientiæ est admittenda, ut uno ore docent omnes Theologi.* Ergo, &c.

OBJECTION.

On n'a établi les formalités, que pour obvier aux fraudes. C'est là l'unique

(*a*) Tom. 1 de Testament. Cap. X. num. 12.

fin des formalités prescrites à l'égard des testaments. Or cette précaution n'est point nécessaire, du moins pour la conscience, quand la bonne foi est certaine & constante tant de la part du testateur que de celle du légataire. C'est ce que prétend Cabassut, dont voici les paroles : *finis solemnitatum est, ut fraudibus occurratur. Hæc igitur cautio non est necessaria, saltem in foro conscientiæ, ubi de bonâ fide constat. Theor. & prax.*

RÉPONSE.

Si les loix qui annullent les testaments pour le défaut de formalités ; si ces loix, dis-je, étoient fondées sur la présomption d'une fraude actuelle ; il est vrai que le testament ne laisseroit pas d'être valide, quand tout se seroit passé dans la bonne foi. Car alors la loi n'obligeroit pas. Mais les loix dont il est question, sont fondées sur la présomption du danger de fraude, lequel danger subsiste toujours, quoiqu'il ne se trouve point de fraude actuelle. Donc ces loix doivent toujours obliger en conscience.

C'est ainsi que l'Eglise en irritant les mariages clandestins, a voulu prévenir les fraudes, les crimes & les autres inconvenients qui résultent de la clandestinité des mariages. Cependant, si l'on suppose un mariage qui ne renferme point d'autre vice que celui de clandestinité ; dira-t-on que ce mariage soit valide ?

Mais enfin, ajoute-t-on, pour qu'un testament soit valable, quatre choses suffisent ; la premiere est la faculté de donner dans le testateur ; la seconde, la capacité de recevoir dans le légataire. La 3e. & 4e. qu'il conste de la volonté du testateur & de la bonne foi du légataire. Or ces quatre choses peuvent se trouver réunies, malgré le défaut de quelque formalité. Donc, &c.

Rép. Il ne suffit pas que le testateur soit habile à donner en général ; il faut qu'il soit habile à donner de la maniere qu'il donne. Or c'est ce qui n'a pas lieu dans le cas présent. Car un homme n'est point habile à donner en omettant une formalité qui est supposée essentielle à la donation,

& au défaut de laquelle, une donation est déclarée nulle par la loi.

Second point. Le testament qui, pour défaut de formalités, peut seulement être cassé & déclaré nul par le Juge, peut valoir pour la conscience, jusqu'à ce qu'il ait été annullé.

La raison est que l'on peut en conscience profiter d'un testament qui est valide. Or le testament dont il s'agit, est valide, tant que le Juge ne l'a point annullé. Donc on peut en conscience profiter de ce testament.

Mais *quid juris*, lorsque le testament manque de quelque formalité prescrite par les loix, *à peine de nullité?*

Rép. Ces mots à peine de nullité, peuvent avoir deux sens. On peut les entendre d'une nullité encourue par le seul fait, ou à peine de nullité qui doit être prononcée par le Juge sur la plainte des héritiers du testateur. Or en fait de loix pénales ou odieuses, il faut suivre l'interprétation la plus favorable. On peut donc s'en tenir au dernier sens & dire que, dans ce cas, le testament est valide, tant qu'il n'est point annullé par les Juges. C'eſt aux héritiers du teſtateur de faire caſſer cet acte informe, s'ils le jugent à propos.

Ainſi, quand un homme a fait ſon teſtament olographe, & qu'il a oublié de le dater, les héritiers ne ſont pas tenus de délivrer les legs ; parce qu'ils ont droit de faire annuller le teſtament, comme ne renfermant point une forme qui eſt preſcrite *à peine de nullité*. Mais ſi l'on ne fait aucune difficulté aux légataires, ils peuvent en conſcience recevoir ce qui leur ſera légué.

Pour que le teſtament ſoit nul avant la Sentence du Juge, il faut que la loi le diſe clairement & expreſſément, en uſant de ces termes ou autres ſemblables : *déclarons ces actes abſolument nuls & de nul effet. Défendons d'y avoir aucun égard, &c.*

En un mot, tout ce qui peut s'entendre d'une nullité à prononcer par le Juge, ne doit jamais être entendu d'une nullité actuelle. Car, comme dit Domat (*a*) » les loix qui dérogent à » la liberté naturelle, celles qui défen-

(*a*) Traité des loix, chap. 12, nom. 10 & 11.

» dent ce qui de soi-même n'est pas » illicite, celles qui prescrivent de cer- » taines formalités, doivent se restrein- » dre au cas qu'elles reglent, & qui se » trouve expressément compris dans » leurs dispositions «. Cela est conforme à la regle 15. du Sexte, suivant laquelle, on doit restreindre les choses odieuses & nétendre que celles qui sont favorables.

Odia restringi & favores convenit ampliari.

QUESTION IX.

Que faut-il remarquer sur l'exécution des testaments?

RÉPONSE.

1°. Pour la validité d'un testament, il n'est pas nécessaire de nommer des exécuteurs testamentaires.

2°. Néanmoins cette sage précaution est de prudence & de conseil. Routier, principes de Droit Civil, pag. 326, sect. XIII, nomb. I.

3°. On peut nommer un ou plusieurs exécuteurs testamentaires.

4°. Le premier ſoin des exécuteurs teſtamentaires, eſt de faire inventaire des biens & titres reſtés après le décès du défunt, les héritiers préſents ou dûement appellés. *Arrêtés de Lamoignon, art. 6.*

5°. Suivant l'article 430 de notre Coutume, » les exécuteurs teſtamen-» taires ſont ſaiſis durant l'an & jour » du trépas du défunt, des biens-meu-» bles demeurés après le décès, pour » l'accompliſſement du teſtament, juſ-» qu'à la concurrence des legs & autres » charges; ſi mieux l'héritier ne veut » ſaiſir l'exécuteur teſtamentaire des » legs & charges, en argent ou en eſ-» ſence «.

6°. Ceux qui ſont ſimplement dépoſitaires d'un teſtament, doivent obſerver ce qui eſt preſcrit par l'art. 26 de l'Ordonnance de 1735. *Sur les teſtaments.*

7°. Les exécuteurs teſtamentaires ne ſont point requis pour l'exécution des teſtaments. Les légataires, &, à leur défaut le Procureur du Roi ou le Procureur Fiſcal peuvent pourſuivre les héritiers pour l'accompliſſement du teſtament. Pesnelle, *sur l'art.* 430 *de la Coutume.*

8°. Ceux que l'on nomme exécuteurs testamentaires, ne peuvent être forcés d'accepter cette commission ; leur office est d'ailleurs gratuit, comme celui des amis les uns envers les autres. Ils doivent donc s'acquitter de leur devoir, sans prétendre aucun salaire. Ils ne peuvent demander aucune chose pour leurs vacations. Ils peuvent seulement répéter les frais légitimes qu'ils ont faits. Pesnelle, *ibid.*

9°. Toutes personnes peuvent être nommées pour cet office, les laïques comme les Ecclésiastiques, la femme veuve ; & la femme mariée, du consentement de son mari. Non-seulement un Ecclésiastique séculier, mais même un Religieux Profès peut faire cette fonction, pourvu qu'il soit autorisé par son supérieur. Basnage sur l'art. 430 de la Cout.

10°. » Plusieurs, *dit Basnage*, (*a*) » sont dans cette erreur, qu'un exécu- » teur testamentaire ne peut être lé-

(*a*) Sur l'art. 412 de la Coutume.

» gataire. Mais sa nomination ne contribuant rien à la solemnité du testament, & étant en la liberté du testateur de n'en nommer point; puisque l'exécuteur testamentaire veut bien se charger de la peine & du soin de faire exécuter les volontés du testateur, il ne seroit pas raisonnable qu'il ne pût profiter d'aucune chose, & que le bon office qu'il rend au défunt, le rendît incapable de recevoir quelque marque de son souvenir & de son amitié «.

Nous placerons ici un cas particulier qui se rapporte aux questions précédentes.

CAS. Chrysophile, mendiant de profession, ayant déjà ramassé des sommes considérables, dont il pourroit subsister, continue de mendier, pour grossir son trésor. Enfin, se voyant prêt de mourir, il mande son Curé, & lui déclare qu'il veut donner douze cents livres aux pauvres par testament. Le Curé reçoit le testament de Chrysophile. Mais il comptoit si peu sur ce testament, qu'il ne le signa point lui-même, & ne le fit signer de perſonne. Chryſophile meurt & ſes héritiers paroiſſent auſſitôt pour recueillir ſa ſucceſſion. Le Curé ſe montre à eux avec ſon teſtament. Ils ſont ſi éblouis par l'or & l'argent de Chryſophile, qu'ils ne font aucune difficulté de compter douze cents livres au Curé pour ſes pauvres. Le Curé les reçoit, ſans avertir les héritiers que le teſtament n'eſt pas en regle. *An benè?*

RÉPONSE. Le Curé n'a pu recevoir cette ſomme en vertu de l'acte informe qu'il avoit dreſſé ; puiſque cet acte n'étoit point un teſtament véritable, mais un ſimple projet de teſtament.

Mais le Curé a très-bien pu exiger & recevoir la ſomme de douze cents livres, comme une réparation du tort que Chryſophile avoit cauſé aux pauvres en attrapant des aumônes, non-ſeulement ſans aucun beſoin, mais après avoir amaſſé des ſommes conſidérables, dont il ne faiſoit nul uſage.

QUESTION X.

Lès legs pieux ont-ils quelque privilége,

vilége, qui les affranchiſſe des formalités ?

RÉPONSE.

I. Le legs pieux eſt celui que l'on fait *ob piam cauſam*, c'eſt-à-dire à un lieu conſacré à Dieu comme pour une Égliſe, un Monaſtere, un Hôpital, &c. & qui eſt fait pour une fin bonne & pieuſe.

» Le legs pieux, dit de Ferriere, » a pluſieurs prérogatives que les au- » tres n'ont pas; *& in ejuſmodi legatis voluntates teſtatorum pleniſſimam recipiunt interpretationem.*

Mais, comme ajoute enſuite le même Auteur, quelque favorables que ſoient les legs pieux, quand en pays coutumier, le teſtament dans lequel ils ſont laiſſés, eſt défectueux à cauſe de l'omiſſion de quelque formalité requiſe par la Coutume, ils ne ſont pas valables Dict. de Droit, *V. legs pieux.*

Cela paroît fort juſte. En effet, dit l'Auteur des Conférences de Paris, il ſe peut trouver des abus dans les legs pieux; comme dans les legs profanes..... » Si les donations faites aux » Églises, étoient toujours des œuvres » de prudence & de piété ; pourquoi » S. Augustin en auroit-il refusé, en » disant qu'il étoit plus raisonnable de » laisser les successions aux enfants & » aux héritiers naturels, qu'à l'Église ? » *Quicumque vult, exhæredato filio,* » *hæredem facere Ecclesiam, quærat al-* » *terum qui suscipiat, non Augustinum;* » *imò, Deo propitio, neminem inve-* » *niat* (*a*) «. Tom. V. *sur le mariage*, Liv. 3 Conf. 4. § 4.

Cependant, comme l'observe M. de Ferriere, *ubi suprà*, » la Cour adjuge » souvent quelque chose desdits legs, » à ceux à qui ils sont faits, *non tan-* » *quam ex testamento, sed tanquàm ex* » *imperfectâ voluntate testantis* «.

» Il arrive même que la Cour, dé- » clarant un testament nul, par des » considérations particulieres ordonne » quelquefois que le testament subsis- » tera pour les legs pieux seulement «.

Quoiqu'il en soit, l'Ordonnance de 1735 assujettit aux formalités les legs

(*a*) Ser. 49 de diversis, Cap. 4.

pieux, de même que les legs profanes. Voyez les articles 1, 47 & 78 de cette Ordonnance.

QUESTION XI.

Quelle conduite doit-on tenir à l'égard des héritiers dont l'auteur a fait un ou plusieurs legs pieux ?

RÉPONSE.

Les legs pieux ne sont pas toujours des donations gratuites, mais souvent des restitutions qui n'ont pu être faites d'une autre maniere. Cela posé,

1°. Si les héritiers savent que leur auteur devoit par justice ce qu'il a legué par testament ; il faut obliger les héritiers de payer les legs pieux, quoique le testament ne soit point revêtu des formalités requises.

2°. Si les héritiers ont lieu de regarder ces legs comme de purs dons, il faut se borner à les exhorter d'en faire la délivrance.

QUESTION XII.

Que faut-il observer sur la révocation des testaments ?

RÉPONSE.

I°. Les teſtaments ſont révoqués ou révocables pour les mêmes cauſes que nous avons rapportées en parlant de la révocation des donations entre vifs.

2°. Comme les teſtaments ne peuvent avoir aucun effet qu'après la mort du teſtateur, le teſtament a cela de particulier, que le teſtateur peut toujours le révoquer quand il lui plaît. Et quand même il le révoqueroit, ſans autre raiſon que ſa volonté, il ne pécheroit point contre la juſtice, quoiqu'il pût bien pécher contre la prudence, ou contre quelqu'autre vertu. La raiſon eſt que ſuivant le principe reçu, *teſtator deambulatoriam habet voluntatem uſque ad mortem, uſque ad extremum vitæ ſpiritum.*

Nous terminerons par quelques Cas relatifs aux Queſtions précédentes.

CAS I. Angélique, riche veuve, ſe trouvant à l'extrémité, met aux mains de Thérèſe ſon amie, une ſomme de deux cents livres, en lui diſant: *Je vous prie d'employer cette ſomme à faire dire des Messes pour moi après ma mort, qui (suivant les apparences) ne tardera pas.* Angélique étant décédée peu après, on veut obliger Thérese de remettre aux héritiers de la défunte la somme de deux cents livres; parce que, dit-on, Angélique n'a pu en disposer validement que moyennant un acte par écrit. Cela est-il vrai ?

RÉPONSE. Cette décision est absolument fausse. Car Angélique n'a rien donné à Thérese. Elle n'a fait que lui confier un dépôt à titre onéreux; ce qui est très-permis sans aucun acte par écrit. Thérese est donc obligée en conscience de se conformer aux intentions de la défunte, & de faire dire les Messes. Autrement elle pécheroit contre la fidélité, & même contre la justice. Il n'est donc nullement vrai qu'elle doive ni même qu'elle puisse remettre aux héritiers d'Angélique la somme dont il s'agit.

CAS II. Philippe, pendant sa derniere maladie & en présence de plusieurs personnes, remit à Augustin Prêtre, son ami, une somme de trois cents livres, en lui disant : *je me meurs ; c'est pour que vous me disiez un annuel de Messes après ma mort.* Philippe étant décédé, ses héritiers font un procès à Augustin, & veulent l'obliger à leur rendre la somme de trois cents livres. Ils se fondent sur ce que la donation qui en a été faite à Augustin, étant purement verbale, on doit la regarder comme nulle, & comme non avenue. Ont-ils raison?

RÉPONSE. Les héritiers de Philippe ont tort à tous égards. 1°. Il est faux qu'il y ait ici une véritable donation ; c'est-à-dire une disposition *à titre gratuit* ; on ne voit au contraire dans le Cas proposé qu'une disposition *à titre onéreux* ; puisque Philippe ne donne à Augustin la somme de trois cents livres, qu'à la charge de dire un Annuel de Messes. Or l'Ordonnance de 1735 *sur les Testaments*, ne concerne que les dispositions à titre gratuit ; & non pas celles qui se font à titre onéreux.

2°. Quand même Philippe auroit fait une véritable donation à Augustin, il est encore faux qu'elle ait été purement verbale puisqu'elle a été accompagnée de tradition. Or nous avons suffisamment prouvé que ces donations, quoique faites sous condition de la mort du donateur, peuvent être légitimes & valables.

CAS III. Ambroise se trouvant fort malade, fait venir son confesseur, & lui mettant aux mains une somme de trois mille livres, il lui dit : *vous disposerez de cette somme suivant mes intentions que je vous ai déclarées dans mes confessions précédentes. Vous payerez d'abord ce que je dois à tel & tel, pour le sujet que vous savez bien. Vous donnerez le reste aux pauvres.* Après la mort d'Ambroise, ses héritiers font venir son confesseur par devant le Magistrat qui l'interroge sur le fait en question. Que doit répondre ce confesseur ?

RÉPONSE. Il doit dire exactement la vérité, qui est que réellement Ambroise lui a mis aux mains une somme de trois mille livres, qu'il n'y a rien (ainsi qu'on le suppose) ni pour lui ni pour sa famille, ni pour sa communauté (si le confesseur eſt religieux ou membre d'un corps ;) qu'au ſurplus il ne diſpoſera de cette ſomme , que ſuivant les intentions du défunt , qu'il lui a très-expreſſément déclarées pour l'acquit de la conſcience dudit défunt & le bien de ſon ame. Le confeſſeur ne doit rien ajouter d'avantage ; & on ne croit pas que perſonne puiſſe lui faire l'à-deſſus la moindre peine.

Fin du Traité des Actions.

TABLE

DES

MATIERES.

Le chiffre arabe, qui est le seul, indique les pages.

A

B

C

D

E

F

G

H

I. & J.

L

M

N

O

P

Q

R

T

V. & U.

Fin de la Table des Matieres.

www.ingramcontent.com/pod-product-compliance
Ingram Content Group UK Ltd.
Pitfield, Milton Keynes, MK11 3LW, UK
UKHW021132260726
13994UKWH00001B/107